CHINA,

ITS

SCENERY, ARCHITECTURE, SOCIAL HABITS, &c.

Illustrated.

VOL. 4.

Dice-Players, near Amoy.

L'EMPIRE CHINOIS

ILLUSTRÉ D'APRÈS DES DESSINS PRIS SUR LES LIEUX,

PAR

THOMAS ALLOM.

AVEC LES DESCRIPTIONS

DES MŒURS, DES COUTUMES, DE L'ARCHITECTURE, DE L'INDUSTRIE, &c. DU PEUPLE CHINOIS

DEPUIS LES TEMPS LES PLUS RECULÉS JUSQU'À NOS JOURS.

PAR

CLÉMENT PELLÉ,

AUTEUR DE "CONSTANTINOPLE ANCIENNE ET MODERNE."

* * * *

FISHER, FILS, ET Cie

LONDRES, ANGEL ST.-NEWGATE ST.; PARIS, RUE ST. HONORE.

TABLE DES GRAVURES.—VOL. IV.

TEXTE DESCRIPTIF.

Drawn by T. Allom.

Engraved by J. Sands.

Mouth of the river Chin-keang.

L'EMPIRE CHINOIS

QUATRIÈME PARTIE.

DU GOUVERNEMENT CHINOIS.

Les trois premiers volumes de "L'Empire chinois illustré" nous ont fourni des études de différens genres. Nous avons examiné cet étrange peuple dans son histoire, dans son caractère, dans sa religion, dans son industrie. Nous connaissons l'aspect du pays, et ses rivières principales, au nombre desquelles nous citerons encore la Chou-keang, qui verse ses eaux dans le Yang-tse-kiang, et dont l'embouchure présente des sites très-pittoresques. Le premier chapitre du quatrième volume sera consacré à l'étude de l'organisation politique de la Chine, et aux effets les plus remarquables que produit la constitution chinoise sur l'esprit et le caractère des habitants du céleste empire.

Une foule de personnes ne cessent d'admirer le gouvernement chinois, parce qu'ils en ignorent la nature. C'est principalement la domination extraordinaire qu'il exerce sur ses sujets qui est pour eux un objet d'éloges. Cette domination existe en effet; elle est le résultat d'une surveillance continue et rigoureuse qui s'étend depuis le plus haut fonctionnaire de l'état, jusqu'au plus simple sujet, et pour laquelle les uns et les autres sont solidaires. À cette surveillance, il faut ajouter une graduation excessivement minutieuse des rangs, et une subordination mutuelle entre tous ses membres; en sorte que le gouvernement chinois, si l'on en excepte peut-être la Russie, présente en réalité un caractère de despotisme militaire qui n'a pas son pareil dans le monde.

On conçoit combien il doit être difficile à un homme, qui sait parfaitement que toutes ses actions sont surveillées avec soin, d'enfreindre les lois ou du moins de les enfreindre sans recevoir presqu'aussitôt le châtiment dû à la transgression : s'il échappe personnellement, sa famille et ses proches ou ses voisins seront punis pour le délit qu'il aura commis. De plus, il doit savoir qu'à moins d'indemniser ceux qui auront souffert pour lui, il ne saurait rentrer dans sa maison ; et dans tous ces cas, il arrive fréquemment, qu'à son retour il voit sa propriété entre les mains des agents du gouvernemeut ou des voisins ; ceux-ci pour se dédommager par eux-mêmes, et pour éviter les retards faisant main basse sur la propriété du délinquant qui les a compromis.

En considérant la Chine comme nation, on peut la comparer à une grande armée obéissant à un généralissime qui est l'empereur. Régiments, bataillons, compagnies ayant chacune un commandant et des officiers subalternes, telle est la division de cette armée : et chaque soldat, chaque officier doit à son supérieur une obéissance passive, absolue qui ne lui permet pas de douter de l'excellence et de l'opportunité des ordres qu'il reçoit, et lui enjoint d'une manière expresse de les exécuter par tous les moyens qui sont en son pouvoir. Toute la population de l'empire chinois qui, dit-on, s'élève au chiffre fabuleux de trois cent soixante millions d'individus, est soumise à cette organisation militaire, dont les premiers éléments se trouvent dans l'organisation des tribus tartares, divisée encore aujourd'hui en aile droite et en aile gauche.

Le chef unique du gouvernement et de la constitution est l'empereur, qui est également considéré comme le vice-gérant choisi par le ciel pour gouverner toutes les nations de la terre. L'empereur réunit en sa personne la puissance législative et la puissance exécutive, qu'il exerce sans limite et sans contrôle. On le nomme *Thien-tseu*, le fils du ciel, et pour cette cause, il est investi de toutes les prérogatives de la divinité. Tout émane de lui, et ne se fait que par ses ordres. Une opinion généralement accréditée parmi les classes inférieures est que le monde entier, le dessous du ciel, *Thien-hia*, suivant l'expression chinoise est soumis à sa destination ; aussi la politique chinoise prend-elle le plus grand soin de propager cette erreur qui lui rend le gouvernement très-facile. De là vient le mépris souverain que le gouvernement de la Chine affecte envers les barbares ou les peuples du dehors, ainsi que les refus obstinés de ne traiter avec eux que lorsqu'il y est contraint par la force des armes. Encore, dans ce dernier cas, le gouvernement affecte t-il, aux yeux des Chinois une grande supériorité vis-à-vis des autres peuples. Ce trait distinctif du caractère chinois se rencontre en effet dans tous les traités conclus entre la Chine et ses ennemis par les différentes dynasties chinoises qui ont occupé le trône de ce vaste empire. Toutes les clauses des ces traités quand elles sont désavantageuses, pour les Chinois sont représentées comme les concessions que le fils du ciel daigne faire à ses vassaux égarés.

Il est d'ordinaire parmi les Chinois de regarder l'empereur comme le père de la famille parce que censément il doit agir envers tous comme un père avec ses enfants. En théorie l'empereur est soumis aux volontés du ciel, qui sont conséquemment les siennes ; en pratique, il obéit à l'opinion générale, et s'attache à satisfaire les besoins à mesure qu'ils se développent. Ses délégués ont sur leurs inférieurs le même pouvoir absolu qu'il exerce lui-même sur tous les sujets de son vaste empire ; chacun d'eux est responsable de sa juridiction respective près de son officier supérieur.

Il serait difficile d'énumérer toutes les prérogatives de l'empereur, puisque sa seule volonté fait loi ; il suffira de donner le relevé d'un petit nombre de droits particuliers qui lui appartiennent.

L'empereur est le chef de toutes les religions qui se partagent la Chine ; à lui seul est réservé le droit de se faire appeler le fils du ciel ; il préside dans la capitale aux cérémonies sacrées et aux fêtes publiques dont quelques-unes sont célébrées avec beaucoup de pompe ; notamment la fête que les Chinois célèbrent en l'honneur du printemps, et dont le caractère ressemble beaucoup à celui de la fête de Sainte Rosalie à Palerme. L'empereur est la source de la loi et de la justice ; ses jugements sont sans appel ; à lui seul appartiennent le droit de grâce et les commutations de peine ; ses décisions sont souveraines ; aucun procès ne peut lui être intenté ; aucun privilège ne peut protéger les sujets contre son courroux, et aucune censure ne peut être dirigée contre lui-même quand il s'écarterait momentanément des règles établies et des coutumes. Il est le principal ressort de l'administration ; personne ne peut agir qu'avec une mission de lui et en vertu de son autorité ; toutes les forces et les revenus de l'empire lui appartiennent ; il en dispose comme il lui plaît. Tous les chinois, principalement depuis seize ans jusqu'à soixante ans, lui doivent leurs services personnels, en un mot, tout l'empire est à lui.

Le droit de succession au trône est établi par la coutume de mâle en mâle ; toutefois la loi du pays autorise l'empereur à se choisir un successeur, soit parmi ses propres enfants, soit parmi ses sujets. Cependant il use rarement de cette faculté et limite le plus ordinairement son choix à la famille impériale. Le successeur est souvent nommé pendant la vie de son père, et dans ce cas, il jouit comme prince héréditaire de différens priviléges. Une chose digne de remarque, c'est que, sous la dynastie actuelle, les enfants des chinoises faisant partie du harem impérial sont tous illégitimes et conséquemment incapables de succéder.

Les devoirs que le souverain est tenu de remplir sont, strictement parlant, renfermés dans le respect qu'il doit porter aux maximes morales et politiques des anciens philosophes, Confucius er Mencius, et de leurs plus célèbres disciples, maximes détaillées dans les ouvrages fameux, les cinq livres sacrés, et les quatre livres classiques. (Sse-chou.)

" Les Chinois sont considérés comme les membres d'une grande famille soumis à la volonté du chef ou patriarche ; ils ne possédent rien que ce qu'ils ont reçu de lui, et qu'il peut leur reprendre. La liberté, dans la véritable acception du mot, est inconnue en Chine ; il est même très-difficile d'obtenir l'autorisation d'aller d'un lieu dans un autre ; ainsi les émigrations à l'étranger sont interdites, et les simples voyages a l'intérieur sont soumis à des empêchements multipliés. Les Chinois prétendent que l'invention des passeports remonte au dixième siècle avant notre ère.

L'inégalité de droits, l'inégalité de privilèges sont passés en principe dans les lois et dans chaque branche de l'administration. En général dans tous les rangs de la vie publique et privée, on ne voit que diversités de positions et de rapports entre les vainqueurs et les vaincus, entre les maîtres et les esclaves, entre les vieillards et les jeunes gens, les individus de haute et basse condition, et entre les magistrats et le peuple. Mais devant l'empereur tous les rangs s'effacent, il n'y a plus que des sujets, ayant tous le même niveau. Ils sont trop au-dessous de celui qui ne reconnait de supérieur que le ciel, et ses prédecesseurs déjà déifiés.

Une pareille législation doit nécessairement fournir une grande quantité d'abus ; et le peuple chinois, quelque grande que soit sa patience ne la supportérait pas, ou bien il serait le plus vil de tous les peuples, si le législateur chinois n'avait eu soin d'établir un contrepoids pour entempérer la rigueur. Les Chinois ont un grand nombre de fêtes nationales de tous genres ; on cite parmi les plus belles le festival du dragon, joute nautique dont quelques voyageurs nous ont fait une description charmante. C'est dans ces fêtes, toujours brillantes, que le peuple chinois oublie la dureté du régime administratif qui pèse sur lui. Toutefois le peuple est protégé par la loi contre l'oppression des grands ; c'est ainsi que l'a voulu le législateur ; mais cette protection n'est en réalité qu'une fiction. Comme dans tous les pays de la terre, l'accusé qui n'a pas de richesses, a beaucoup à craindre de l'indifférence ou de la partialité de ses juges. D'ailleurs, il est une loi devant laquelle tout fléchit et qui rend les autres à peu près inutiles, par la manière étendue dont elle peut-être interprétée ; c'est que le peuple doit être maintenu par la crainte. Ce principe se retrouve dans le plus grand nombre des lois ; et l'on conçoit qu'avec une législation qui repose sur une pareille base, toute recherche de la vérité, pour peu qu'elle soit incommode, doit être anéantie, et qu'il est impossible à l'esprit de s'élever à de hautes spéculations abstraites. En un mot, l'esprit de cette législation tend à réduire l'homme à l'état de brute. Toutefois il n'a pu détruire entièrement cette aptitude pour l'industrie patiente qui caractérise au plus haut degré les Chinois, et les distingue de tous les autres peuples, eux et les Japonnais, qui paraissent provenir de la même race. Rien de plus étonnant que l'activité déployée par les Chinois ; il faut les voir charger de thé les jonques qui doivent porter cette précieuse denrée aux navires étrangers. Tseen-tang est un lieu renommé dans l'empire parmi les marchands de thé ; il s'y fait de grands chargemens pour les pays étrangers. Cette aptitude au travail qu'on peut comparer au travail de la fourmi a eu également pour effet d'empêcher l'agglomération de grandes étendues de terre dans les mains de quelques individus ; en Chine comme en France, la propriété est morcelée entre une foule de cultivateurs. Nous avons dit plus haut que l'empire est incontestablement la propriété de l'empereur ; l'empereur a de plus la faculté de reprendre les concessions qu'il a faites ; toutefois il en use rarement, et en réalité la propriété territoriale est assise sur des bases assez solides.

La division par castes n'existe pas en Chine comme dans l'Inde ; néanmoins on en trouve quelques traces dans l'ancienne division du peuple en lettrés, agriculteurs, artisans, commerçans, et dans la loi encore existante qui ordonne l'enregistrement de tous les mâles, et déclare que de génération en génération, ils ne subiront aucun changement de position.

Les habitans du Céleste Empire se distinguent les uns des autres de diverses manières. Au premier rang se rangent les naturels proprement dits, dénomination que l'on donne à plusieurs tribus insoumises qui habitent les montagnes, dans quelques parties des provinces du midi ; différentes races particulières de bateliers et de pêcheurs qui habitent le littoral, et les étrangers fixés dans le pays. Toutes les personnes de cette classe sont soumises à des lois particulières et à des restrictions qui ne sont pas imposées au reste des Chinois.

Drawn by T. Allom.

Engraved by J. Tingle

Loading Tea-junks at Tseen-tang.

Chargement des jonques à thé, à Tseen-tang.

Das Laden der Thee-Böte zu Tseen-tang.

Drawn by T. Allom. Engraved by A. Willmore.

Kite flying at Kao-kiuan, on the Ninth Day of Ninth Moon.

Drawn by T. Allom. Engraved by E. Bran

Cataract of Ting-hoo, or the Tripod Lake.

La seconde classe se compose des conquérants et des conquis ; la loi ne fait aucune distinction entre ces deux catégories pour les récompenses ; les premiers comme les seconds ont les mêmes privilèges. Toutefois dans le but de prévenir la fusion des deux races, des réglements prohibent les mariages libres entre les deux classes que l'on reconnaît aussi sous la dénomination de haute classe et de basse classe. À la première classe appartiennent les hautes fonctions de l'état, tandis que les individus de la classe inférieure sont entièrement exclus des examens publics, par lesquels on prépare en Chine les hommes aux emplois. Dans cette dernière classe sont rangés les étrangers et les esclaves, les criminels, les exécuteurs des hautes œuvres, les magistrats subalternes, les comédiens, les charlatans, les mendiants, les vagabonds, etc. Tous ces individus, quand ils veulent sortir de leur état de servitude sont obligés de poursuivre au moins pendant trois générations l'obtention de quelque emploi honorable et utile.

La Chine compte aussi un grand nombre d'esclaves. La loi permet à tout homme libre d'en avoir un certain nombre, et de retenir en servitude les enfants qui naissent de ces esclaves. Un homme libre peut devenir esclave s'il a commis quelques délits ou crimes ; il devient, suivant le terme chinois, propriété de l'état, qui s'en défait en le vendant ou en le donnant à un homme libre. Mais malgré toutes ses différences le peuple chinois, sous de nombreux rapports, a encore de grands points de ressemblance avec les peuples occidentaux. Voyez-le dans les plaisirs de la famille. Il chérit ses enfants, et prend un intérêt extraordinaire à leur prospérité. Voyez-le dans ses amusemens, il se plaira à faire voler dans les airs un cerf-volant dont la forme sera celle d'un dragon et éprouvera des joies indicibles dans ce délassement innocent.

Une constitution de cette nature doit fournir toutefois au pays qu'elle régit des traits saillants qui le distinguent des autres pays. Ces traits existent en effet dans les mœurs, la vie publique et la vie privée des Chinois, le principal ainsi que nous l'avons déjà fait entendre, est une soumission passive, une obéissance extraordinaire de l'inférieur envers le supérieur. On le retrouve partout, même dans les pièces de théâtre. Il est vrai qu'en Chine, comme dans tous les pays de la terre, le théâtre est la reproduction de la pensée intime des citoyens en matière de législation, de religion, d'industrie, de sciences et lettres. La Chine possède un drame, connu en France, " l'orphelin de la Chine," dans lequel la soumission des chinois est peinte d'une manière remarquable. Voici le récit que nous fait un officier anglais de la représentation de ce drame auquel il assista lui même à Canton.

Une multitude de chinois, dit-il, vinrent dresser une table pour notre repas. Ils couvrirent de tapis bariolés de mille couleurs des tables fort basses, sur lesquelles ils placèrent plus d'un millier de petits plats, renfermant des viandes épicées, des nids d'hirondelles, et des confitures, genre de mets pour lequel les Chinois ont depuis longtemps acquis une grande célébrité. Des boules de pâte de froment à demi-cuites, et du riz préparé dans de l'eau bouillante, tenaient lieu de pain ; on y ajouta une boisson composée de samtschou, ou de vin distillé de la viande d'agneau ; mais il n'y avait ni couteaux ni fourchettes, et les coquilles dans lesquelles on versait des liqueurs bouillantes ne semblaient pas de nature à permettre qu'on s'y désaltérât fraîchement.

"Le repas fut interrompu par l'arrivée d'un chinois qui nous montrant par la fenêtre un théâtre formé de paravents peints nous annonça que la comédie allait commencer, et nous dit en même temps qu'il allait nous accompagner pour nous expliquer toutes les finesses de la pièce que nous allions voir représenter.

" Nous entrâmes dans la salle du théâtre où se trouvait déjà un grand nombre de Chinois de distinction. Une galerie décorée d'un grand nombre de pavillons de soie, faisait le tour de la salle. La scène assez large et peu profonde était garnie de peintures sans ombre et sans perspective qui tenaient lieu de décors, et l'orchestre composé de musiciens chinois, armés d'instruments tartares, commença un vacarme infernal. Le silence se rétablit ensuite, et la pièce qui avait pour titre : "*Le petit orphelin de Tsha-o* " commença.

Au lever du rideau, un traître vêtu de l'ancien costume chinois qui était d'usage avant l'invasion tartare se présenta, et prenant la gravité d'un héros grec, il annonça aux assistants, qu'il se nommait Tun-gun-kou, et qu'il était le ministre du roi Tsi-sey. Puis sous la forme d'une confidence, il apprit au public, comment il avait réussi à renverser le ministre Tscha-o-tun. Il avait, disait-il, dressé un chien à se jeter sur un personnage vêtu de la même sorte que son ennemi, et s'était un jour rendu chez le roi pour lui annoncer qu'on voulait attenter à ses jours sacrés, mais qu'à l'aide de son chien fidèle, il pouvait promettre au roi de découvrir l'assassin. Le prince qui, à l'exemple d'une foule de princes, ne brillait pas par l'esprit, crut trouver dans la fureur de cet animal un indice suffisant du crime de son favori; la fuite finit par dérober le malheureux ministre au courroux de son souverain. Toute la famille du mandarin chinois, composée de trois cents individus, avait été mise à mort par ordre du roi, à l'exception de Tscha-o-so, fils de l'infortuné Tscha-o-tun, à qui la qualité de gendre du prince avait sauvé la vie. Mais le traître Tun-gun-kou venait d'obtenir l'autorisation de le faire périr par la corde, le fer ou le poison, et sa main était prompte pour accomplir un dessein que sa tête avait conçu. Le pauvre Tscha-o-so parut alors sur la scène; il était accompagné de son épouse qui paraissait fort trist. Il instruit à son tour les spectateurs de son nom et de sa qualité; il leur raconte une partie de ce qu'ils venaient déjà d'apprendre, et pressentant le sort que lui réservait l'inimitié de Tun-gun-kou; il ordonna à sa femme de donner à l'enfant qu'elle portait dans son sein le nom de l'orphelin de Tscha-o, et de l'élever soigneusement afin qu'il pût un jour venger les mânes de sa famille.

Un messager du roi vint ensuite; il était chargé de signifier au ministre son arrêt de mort; et celui-ci recommandant de nouveau à sa femme le dernier fruit de leur union se poignarda sans murmurer. Alors le messager raconta fort inutilement que Tscha-o était mort et sa femme prisonnière, et le prologue fut achevé.

Le premier acte commençe. Tun-gun-kou paraissant avec sa suite guerrière, reçoit la nouvelle que la princesse Tscha-o vient d'accoucher d'un fils, mais qu'un mandarin garde toutes les issues du palais, et qu'il est défendu sous peine de mort d'enlever l'enfant. La princesse ne tarde pas à paraître elle-même, son nouveau né sur les bras ; elle raconte de nouveau tous ses malheurs, rappele au public les derniers ordres de son époux mourant, et termine son discours en disant qu'elle met tout son espoir dans le fidèle médecin de sa maison.

"Le docteur paraît tout aussitôt comme le *Deus è machinâ,* sa boîte à médicamens sous le bras, et vient annoncer à l'infortunée princesse, les ordres de l'impitoyable Tun-gun-kou. Celle-ci, se jetant à ses genoux, le supplie de sauver son enfant ; et comme le médecin craignait d'être un jour trahi par elle-même, en cédant à sa prière, elle s'étrangle aussitôt avec sa ceinture, pour l'assurer ainsi d'un éternel silence. Le médecin hors de lui, se décide à sauver au moins le malheureux orphelin, et le renfermant dans sa pharmacie portative, il se dispose à s'éloigner, lorsque le mandarin de guerre paraît avec ses soldats ; le médecin arrêté est obligé d'ouvrir sa boïte et de montrer ce qu'elle contient. Mais le mandarin, ennemi secret de Tun-gun-kou, lui ordonne de s'enfuir avec son précieux dépôt ; le médecin, défiant comme un Chinois, doute encore de la sincérité de cette offre, et refuse d'y souscrire ; alors le mandarin, jaloux de le convaincre, tire son épée, et s'en frappe lui-même. Cette preuve était convaincante, aussi le docteur reprenant sa boîte se hâte de s'enfuir, et l'acte se trouve fini.

Au second acte, le terrible Tun-gun-kou paraît à la tête de sa troupe, et un soldat vient lui annoncer tout ce qui s'est passé, la mort de la princesse, celle du mandarin de guerre, et la fuite du médecin. Grande fureur de Tun-gan-kou qui suppose aussitôt un décret du roi, et ordonne d'apporter dans son palais tous les enfans de l'âge de l'orphelin de Tscha-o, il sort, se préparant à envelopper, dans un nouveau massacre des innocens, l'objet de sa haine. Le théâtre change alors et représente le village de Lin-lin-rai-ping. Un vieillard paraît ; il se nomme Kong-lou, et annonce que depuis l'administration de l'inique Tun-gun-kou, il a résigné ses charges et vit dans cette paisible retraite. Après avoir entendu le vieillard exhaler sa haine contre le ministre, on voit arriver le médecin avec sa boîte qu'il ouvre, et qu'il présente au vieillard, en lui racontant les malheurs de l'infortunée créature qu'il confie à ses soins. Les deux protecteurs conviennent aussitôt de l'élever sous le nom du fils du médecin et de revêtir ce dernier des habits du jeune prince, après l'avoir déposé chez Kong-lun, le médecin doit se rendre auprès des ministres et accuser le vieillard d'avoir sauvé l'enfant du proscrit ; l'un livrant ainsi sa vie, et l'autre celle de son fils pour sauver celle du dernier rejeton des Tscha-o.

—Mais silence, voici le tyran barbare ! C'est le cruel Tun-gan-kou qui s'avance avec ses soldats, et qui donne l'ordre de faire périr tous les innocens qu'on a recueillis, si dans le courant du jour l'orphelin de Tscha-o n'est pas retrouvé ! Le médecin paraît et vient accuser le vénérable Kong-lun d'avoir sauvé le fils de l'ancien ministre ; le vieillard est aussitôt mandé, et sur son refus de nommer le lieu où il a caché l'enfant, Tun-gan-kou lui fait impitoyablement administrer, à la grande édification du public, une bastonnade avec un bambou. Le médecin comme accusateur, est chargé d'infliger lui-même cette correction, que le vieillard reçoit, en chantant d'une voix claire, une romance sur le mépris des douleurs. Pendant ce temps, on amène le fils du médecin, que les soldats ont trouvé revêtu des habits de l'orphelin ; et Tun-gan-kou, après l'avoir frappé lui-même de trois coups de poignard, attache le docteur à sa personne pour le remercier du service qu'il croit que celui-ci lui a rendu. La scène se termine par un monologue du tyran qui se réjouit d'avoir entièrement exterminé la race de son ennemi.

Cependant dans l'intervalle d'un acte à l'autre, l'orphelin a considérablement grandi, et le voilà, au troisième acte âgé d'une vingtaine d'années ; il paraît à son tour sur la scène, et il raconte aux spectateurs qu'il se nommait autrefois Tsching-poel, et que sous le nom du fils du médecin, il a été adopté par Tun-gan-kou ; que le docteur a fait dessiner toute l'histoire de la maison de Tscha-o, sur un papier qu'on a placé à dessein sous les yeux du jeune homme ; instruit de sa destinée il a juré de venger son père sur la personne de celui qui la adopté, et le roi à qui la chose est rapportée, ayant ouvert les yeux, ordonne d'arrêter Tun-gun-kou, qui à son tour est livré au bourreau, et reçoit le châtiment de tant de crimes.

Ainsi finit la pièce ; mais ne nous occupons point des combinaisons et des péripéties ; elles feraient honte, comme on le voit, à nos faiseurs de mélodrames. Ne voyons simplement que les institutions politiques de la Chine en elles-mêmes. Assurément elles sont pour quelque chose dans l'impunité dont jouit pendant si longtemps Tun-gan-kou, ce ministre coupable d'un souverain si facile à tromper ; dans ces outrages faits, sans aucune repression, à la justice humaine ; dans cette promptitude à violer les lois, dans l'attachement extraordinaire de ces hommes pour un de leurs princes persécutés par le malheur ; mais les institutions politiques comme celles de la Chine ont d'autres effets désastreux que nous examinerons tout à l'heure.

Dans un pareil pays on doit rencontrer une foule de privilèges. La section III de la première division du code pénal de la dynastie actuelle (Thai-thsing-lin-li) décrit en effet huit sortes de privilèges qui réduisent la peine du coupable, soit qu'il les possède par lui-même, soit qu'il soit allié a un privilégié. Ce sont :—

1° Le privilège du sang impérial et de sa parenté ;—2° Le privilège des longs services ; —3° Le privilège des actions illustrées ;—4° Le privilège d'une sagesse extraordinaire ;— 5° Le privilège des grands talents ;—6° Le privilège du zèle et de l'assiduité ;—7° Le privilège de la noblesse ;—8° Le privilège de la naissance pour les fils d'officiers distingués.

Mais comme le remarque dans une note le traducteur de ce code, sir George Staunton, il n'y a de privilèges réels que celui du sang impérial et celui de la noblesse, en admettant qu'il y ait en Chine d'autre noblesse que celles des alliés de sa famille impériale, descendant des mêmes ancêtres, tous les parents de la mère et de l'aïeule de l'empereur jusqu'au quatrième degré ; tous ceux de l'impératrice jusqu'au troisième degré, et enfin tous ceux de l'épouse du prince impérial jusqu'au deuxième degré. Tous les officiers et employés du Céleste Empire sont divisés en neuf rangs ou ordres qui ont chacun pour marque distinctive un bouton particulier en pierre précieuse, cristal ou métal; chacun de ces neuf rangs se subdivise en deux classes, l'une principale, l'autre secondaire, mais sans aucun changement dans les boutons.

Pour le 1e rang, le bouton est en pierre précieuse rouge; le 2e rang, le bouton est en corail rouge; le 3e rang, le bouton est en pierre précieuse bleue; le 4e rang, le bouton est en pierre pourpre ou bleu foncé; le 5e rang, le bouton est en cristal; le 6e rang, le bouton est en pierre de blanc opaque ou de jade; le 7e rang, le 8e rang, et le 9e rang, le bouton est en or ouvragé.

Les officiers qui ne font pas partie des neuf rangs portent le même costume que ceux du neuvième rang; il y a aussi d'autres insignes ajoutés aux boutons des bonnets; mais comme ils sont moins remarquables nous n'en ferons pas mention, et nous passerons sans autre transition à la manière dont l'empereur chinois gouverne son peuple.

La Chine n'a point d'institutions purement législatives ayant quelqu'analogie avec les parlements d'Angleterre et de France, ou le congrès d'Amérique. L'administration générale des affaires de l'empire se compose : 1° de l'administration supérieure; 2° de l'administration locale de la capitale; 3° de l'administration des provinces et colonies. La volonté directrice qui donne l'impulsion à ces trois branches principales émane de deux conseils impériaux nommés : l'un, le conseil privé ou le cabinet; l'autre, le conseil général. Ces deux conseils, il y a quelques années, étaient réunis en un seul, mais les affaires s'agrandissant sans cesse, on sentit la nécessité d'en former deux; le premier ou le conseil privé fut destiné aux affaires courantes, et le second fut chargé de l'expédition des affaires les plus importantes. Celui-ci est le vrai conseil; il est composé non-seulement des principaux officiers du premier, mais de beaucoup d'autres dignitaires choisis parmi les principaux fonctionnaires de Péking.

Le conseil privé est dirigé par quatre ministres principaux, et deux ministres suppléants qui sont alternativement Tartares et Chinois. Les employés subalternes et les secrétaires de ce conseil sont au nombre de trente-deux, dont dix sont membres des rites. C'est dans le sein de ce conseil et parmi les secrétaires que le gouvernement va chercher les gouverneurs des provinces, les agents politiques qu'il envoie dans les colonies. Les fonctions des autres consistent à coordonner et à publier les idées et les projets emanés de l'esprit impérial, à rédiger les ordonnances du gouvernement, à veiller à l'exécution des lois, en un mot, à aider le souverain dans la conduite des affaires.

Un des devoirs des membres du cabinet privé est de présider, au lieu et place de l'empereur, aux grandes cérémonies religieuses, telles que les sacrifices au ciel, à la terre, aux ancêtres de l'empereur, et aussi aux cérémonies officielles qui sont accomplies pour l'installation d'un nouveau souverain, pour le choix d'une impératrice, aux offrandes propitiatoires pour les morts. Leurs occupations ordinaires consistent à recevoir les édits impériaux, les réponses faites au nom de l'empereur, et à analyser les mémoires qui lui sont adressés. Les édits impériaux sont transmis au conseil privé par la chambre du conseil général. Ces édits sont alors exposés dans la salle du conseil pour être copiés par des commis expéditionnaires. Les rapports des diverses cours ou directions générales sont également envoyés au conseil privé; ce qui s'opère sous enveloppe cachetée, quand les dépêches sont d'une nature secrète. Des traducteurs les traduisent du Chinois en Mantchoux et du Mantchoux en langue chinoise, si cela est nécessaire. Dans chacune de ces pièces, bonne note est prise des négligences et des erreurs qui y sont examinées avec soin. Lorsque les ministres du conseil privé ont pris connaissance de ces différentes pièces et qu'ils ont formé leur opinion, ils collent au bas de chacune d'elles un petit morceau de papier sur lequel ils expriment d'une manière aussi brève que possible leur sentiment: souvent il arrive qu'il y a deux ou plusieurs opinions sur la même question; les ministres collent alors autant de morceaux de papier qu'il y a de questions à résoudre, et ils donnent autant de réponses qu'il y a de solutions. Cela se pratique pour économiser le temps dans la chambre en présence de l'empereur, qui donne alors un simple coup de pinceau sur le morceau de papier qui contient la réponse.

Les mémoires ainsi préparés sont soumis au souverain au lever du soleil, le lendemain de leur réception; et dans cette occasion, l'un des secrétaires lit le document qu'il remet ensuite à d'autres secrétaires, ceux-ci inscrivent sur ce document la réponse de l'empereur, quelquefois c'est l'empereur lui-même qui daigne l'écrire avec le *pinceau au vermillon*. Le conseil privé a de plus dans ses attributions, la conservation ou la garde des sceaux impériaux qui sont au nombre de vingt-cinq, dont chacun est employé pour un objet spécial, et de plus la composition des titres posthumes donnés aux empereurs décédés, à leurs femmes, aux ministres de mérite et aux nobles.

Dans la dépendance du conseil privé sont plusieurs bureaux chargés du détail des affaires; tels sont: 1° le bureau des sceaux ou des archives qui emploie un nombre considérable de commis; 2° le bureau des documents mantchoux; 3° le bureau des documents chinois; 4° le bureau mongol; celui-ci a sous sa direction toutes les tribus étrangères, et les colonies; il a aussi dans sa dépendance l'école russe; 5° et 6° les bureaux mantchoux et chinois, chargés de préparer les réponses qui sont écrites sur les morceaux de papier dont nous avons parlé plus haut; 7° les bureaux destinés aux secrétaires chargés de rédiger ou de préparer certains édits dont la promulgation est faite au nom de l'empereur; 8° un bureau des inspecteurs mensuels; 9° une caisse et divers dépôts de documents publics; 1° un bureau d'expédition pour les titres de noblesse.

Les membres du conseil général sont choisis parmi les membres du conseil privé, les présidents et vice-présidents des six cours souveraines ou ministères nommés Poo, enfin parmi les principaux membres de tous les autres comités supérieurs de la métropole. On appelle les membres du conseil général grands officiers dirigeant l'organisation de l'armée. Le mot armée est donnée ici à toute la nation parcequ'elle est gouvernée ainsi que nous l'avons dit en vertu du système militaire. Les fonctions de ce conseil consistent à mettre par écrit les décisions et édits impériaux, à prendre des résolutions sur les objets importants pour l'armée et la nation, à l'effet d'aider le souverain dans le règlement des affaires.

Les membres du conseil général s'assemblent tous les jours de très-grand matin dans une des cours du palais, où ils attendent le moment où l'empereur les reçoit en saprésence. Entrés au conseil, au lieu de chaises et de nattes, ils s'étendent sur le plancher. Ils reçoivent les ordres et les décisions de l'empereur qu'ils transmettent au conseil privé quand ils ne sont pas d'une nature secrète ; les dépêches qui exigent de la promptitude sont dirigées sous enveloppe cachetée au ministre de la guerre, qui les envoie directement à leur destination. Pour les délibérations les plus importantes, les membres du conseil général, soit séparément, soit collectivement, se réunissent au département administratif duquel ressort l'affaire. En temps de guerre, ils sont chargés de recueillir tous les faits relatifs aux transports, à l'approvisionnement des troupes dans les pays qu'elles traversent ; et ces faits sont mis sous les yeux de l'empereur. Des listes d'avancement, où sont enregistrées avec soin les actions d'éclat des officiers, sont également dans les attributions des membres du conseil général. Sont encore sous la direction des membres du conseil général : 1° le bureau où se préparent les rapports des affaires importantes ; 2° un bureau pour la traduction des livres et documents du Chinois ou Mantchoux et *vice versa ;* 3° un bureau qui surveille l'exécution des édits impériaux, ainsi que les travaux du collége des historiographes.

Immédiatement au-dessous de ces cours, sont les six grandes cours souveraines qui embrassent toutes les affaires relatives aux dix-huit provinces de la Chine proprement dite. On les nomme : cour des emplois civils, cour des finances ou du revenu, cour des rites, cour de la guerre, cour criminelle ou des châtiments, cour des travaux publics. À la tête de chacune de ces cours sont placés deux présidents et quatre vice-présidents, qui sont alternativement pris parmi les Chinois et les Tartares de race Mongole ou Mantchoue. À chaque cour sont attachés plusieurs bureaux pour expédier les affaires générales et les affaires de détail, pour la conservation des documens et la préparation des pièces.

La cour souveraine des emplois civils a la direction de tous les officiers civils de l'empire ; elle est chargée de présenter les officiers civils à la nomination de l'empereur, et de nommer elle-même aux emplois civils et littéraires dans tout l'empire ; elle règle les préséances, régularise la surveillance et l'inspection des emplois, veille à l'ordre des promotions et mutations d'emploi, fixe pour chaque ordre d'officiers les époques de réception à la cour et de présentation à l'empereur ; elle recueille des informations sur le mérite des officiers civils ; enregistre leurs titres à l'avancement et les faits qui peuvent appeler sur eux une amende ou une destitution ; elle constate la conduite, bonne ou mauvaise de chacun d'eux, et tient note des congés accordés pour maladies ou pour d'autres causes. À cette cour sont attachés différens bureaux ayant chacun des attributions spéciales ; l'une d'elles consiste à délivrer des titres de noblesse et des honneurs posthumes aux ancêtres des Chinois qui se sont distingués au service de l'empereur ; c'est de cet usage particulier que dérive la piété profonde que tous les Chinois montrent indistinctement pour leurs ancêtres, et pour lequel ils les honorent par des cérémonies longtemps après leur mort.

La cour souveraine du revenu a la direction de la population et des terres ; le recouvrement des droits et des impôts ; la distribution des appointements et pensions ; la recette et dépense des grains et de l'argent, et leur transport par terre et par eau ; la surveillance de la division de l'empire en provinces, départements, arrondissements, etc ; le recensement de tout le peuple par classes ; le cadastre de toutes les terres de l'empire, opération qui doit être faite en déterminant la latitude et la longitude des lieux ; la répartition des taxes et les levées de troupes ; les règlemens des dépenses de l'empire, les approvisionnemens de grains destinés à secourir le peuple en temps de disette : les hauts fonctionnaires de la cour des revenus président à la cérémonie annuelle dans laquelle l'empereur laboure lui-même un champ et l'ensemence. Les attributions principales de la cour du revenu se rattachent au commerce et à l'industrie chinoise ; elle est également chargée de dresser la liste des jeunes filles qui sont jugées dignes d'être admises au palais impérial, après que l'on a constaté qu'elles n'ont pas de difformité.

La cour souveraine des rites a pour attributions l'entretien des temples dont quelques-uns, et notamment le temple Polo à Tai-hou sont d'une architecture très-élégante. Cette cour a aussi la surveillance des cérémonies du culte; celles-ci se divisent en cinq classes ; l'une d'elles est destinée à appeler la faveur du ciel sur les destinées de l'empire ; la deuxième classe se compose des cérémonies heureuses ; on appelle ainsi les cérémonies qui ont lieu à l'avènement d'un empereur, et pour les félicitations officielles, les concessions de noblesse, les mariages, les réjouissances publiques ; la troisième classe se compose des cérémonies militaires : celles-ci sont relatives aux préparatifs de la guerre et aux revues des troupes ; la quatrième classe est relative aux cérémonies de l'hospitalité ; celles-ci se rapportent aux relations avec les puissances étrangères et à la présentation des tributs, soit du dehors, soit des provinces ; la cinquième classe se rapporte à toutes les cérémonies malheureuses, telles que celles qui sont faites pour les morts et pour les enterrements.

Un grand nombre de bureaux sont attachés à la cour des rites ainsi qu'il est fait pour les autres cours ; cette cour est en outre dépositaire d'une grande quantité de livres et de planches imprimés, et de vases destinés aux sacrifices ; la cour des actes est aussi chargée de régler l'étiquette qui doit être observée à la cour dans les occasions ordinaires et extraordinaires, et dans les audiences accordées par les ministres ; elle détermine la figure, la dimension, la couleur des costumes qui doivent être portés dans ces circonstances, ainsi que la forme des voitures, le nombre des suivants et les insignes du rang pour chaque personnage qui prend part à la cérémonie, le cérémonial qui doit s'observer dans les entrevues personnelles des dignitaires de divers rangs, le nombre de salutations et le degré d'attention qu'ils se doivent réciproquement et selon le grade de chacun d'eux. Les autres attributions de cette cour consistent à surveiller les écoles et les académies, à régler les examens publics, littéraires, le nombre et les degrés des gradués, les formes de leur élection, les privilèges des candidats admis ; à confectionner les cachets et les sceaux particuliers de l'impératrice des princes du rang ; à diriger les sacrifices aux esprits des monarques décédés, des sages et des hommes illustres, ainsi que les cérémonies funèbres et les pratiques qui doivent être observées pendant le temps du deuil ; elle règle en outre les cérémonies dans les rapports de l'empereur avec les princes tributaires et les souverains étrangers, détermine l'époque où le tribut doit

Drawn by T. Allom. Engraved by J. Sands.

The Polo Temple, Tai-Hoo

awn by T. Allom. Engraved by E. Challis.

Propitiatory Offerings for departed Relatives.

Offrandes propitiatoires pour des parents morts. Versöhnungsopfer für hingeschiedene Verwandte.

être payé, les routes par lesquelles il doit être apporté ; les divers principes qui règlent les communications avec les états tributaires et étrangers : c'est elle qui autorise les astronomes, mathématiciens, peintres et autres artistes des nations étrangères à se rendre à Péking, après que ceux-ci ont adressé leur demande au gouverneur de Canton ; un bureau d'interprètes, destiné également à fournir des traducteurs, est attaché à cette cour, qui est enfin chargée de fournir des logements aux ambassadeurs.

La direction générale de la musique est sous l'inspection d'un président de race tartare, qui la dirige conjointement avec d'autres personnes versées dans l'art musical ; elle est chargée d'étudier les principes de l'harmonie et de la mélodie, de composer des morceaux de musique, de fabriquer les instrumens pour les exécuter, de régler les figures des danses civiles et militaires.

La cour souveraine de la guerre a la direction de toutes les affaires militaires de l'empire ; elle accorde et retire les rangs et dignités militaires, surveille le matériel de guerre, les relais, les stations de poste ; distingue les caractères et les talens des officiers militaires, dirige le choix et la promotion des officiers, examine les candidats militaires sur l'équitation, l'art de tirer de l'arc, etc ; fixe le temps où les officiers d'un rang supérieur, en service dans les provinces, peuvent paraître à la cour ; fait des enquêtes sur le mérite ou le démérite des officiers, sur leur talent et leur aptitude; surveille les exercices des troupes et le développement de leur instruction ; examine les passe-ports de ceux qui franchissent la frontière ; elle annonce les victoires ; distingue les corps de cavalerie, d'infanterie ou d'artillerie, qui se sont distingués ; détermine les punitions infligées aux militaires, règle les examens pour l'avancement.

La cour souveraine des châtimens est spécialement chargée de l'application des lois pénales, de la décision des causes et des appels ; de la confirmation ou de la modification des arrêts et du réglement des amendes et des dédommagemens ; quand il s'agit de crimes capitaux, à l'exception de certains cas déterminés, les membres de la cour souveraine des châtiments se joignent à deux autres cours criminelles et délibèrent ensemble ; c'est en automne qu'à lieu l'exécution des sentences ; la cour des châtimens a également dans ses attributions la surveillance des modifications ou altérations qui s'opèrent dans les lois, et elle prépare les nouvelles éditions du code pénal.

La cour souveraine des travaux publics règle la construction et la réparation de tous les édifices, des bâtiments publics ; elle dirige le creusement des canaux, la construction des digues. Les lacs sont très-nombreux dans plusieurs parties de la Chine ; quelques-uns comme le lac tripod, nommé aussi la cataracte de Ting-hoo, demande une grande surveillance pour diriger leurs eaux qui se grossissent dans certaines saisons de la fonte des neiges. Cette surveillance est dans les attributions de la cour des travaux publics ; elle a soin aussi des édifices impériaux, des murailles des villes, des palais, des temples, des bâtimens publics ; prend sous son inspection tous les bâtiments confisqués par l'état ; prépare les tentes et l'équipage de camp pour les voyages de l'empereur, veille à la fabrication des instruments et des vases demandés par le gouvernement, des armes de guerre, des armes à feu, du plomb, fait le classement des perles qui proviennent des pêcheries impériales, règle les poids et mesures ; une de ses principales attributions est de confectionner les tablettes qui sont données aux gouverneurs et aux grands fonctionnaires des provinces pour s'en servir dans les cas où un crime commis demande une prompte expiation. Ces tablettes sont désignées sous le nom de *délégation du droit de mort*. Le mot délégation est écrit en lettres d'or; elles sont en bois pour les gouverneurs des provinces, et sont écrites sur une pièce de soie en forme de bannière pour les généraux chargés du commandement des armées; le sceau de la cour de la guerre y est attaché, et elles sont remises au fonctionnaire qui doit s'en servir avec une grande pompe et beaucoup de solennité. Les autres attributions de la cour souveraine des travaux publics consistent dans la surveillance des rivières et des routes, la direction des mines, au nombre desquelles on cite les mines de Ying-Tih pour l'excellence de la houille qu'elles fournissent; des péages, des rues et des égouts de la capitale, dans le confectionnement des vêtemens des personnes du palais, la conservation des tombeaux des empereurs, et la surveillance de tous les ouvriers occupés aux travaux publics l'hôtel de la monnaie et la fabrication de la poudre à canon appartiennent également à la direction de la cour souveraine des travaux publics.

La cour de l'examen universel ou office de censure est spécialement chargée de la surveillance des mœurs. Dans presque toutes les solennités publiques, les principaux fonctionnaires de cette cour se placent à côté de l'empereur, et dans beaucoup d'occasions, ils ont la liberté d'exprimer ouvertement leur opinion. Indépendamment de la surveillance des mœurs, la cour de l'examen universel est chargée d'arranger les contestations des habitants et de réprimer leurs délits. Un des bureaux de cette cour es établi à la porte du palais impérial où se trouve un tambour; en vertu d'une ancienne coutume, ceux qui ont des plaintes à adresser à l'empereur viennent frapper ce tambour pour obtenir audience.

La cour d'appel *Talisse* est chargée de régler les peines criminelles dans l'empire C'est l'une des trois cours suprêmes de justice; ces trois cours doivent être unanimes dans leurs arrêts lorsqu'il s'agit de crimes entraînant la peine capitale; à défaut de cette unanimité, les juges soumettent la procédure qui condamme ou absout.

L'académie impériale, nommée en Chinois le collège de la forêt des pinceaux, es chargée de préparer divers documents officiels et d'écrire l'histoire ainsi que d'autre ouvrages; elle encourage le peuple à s'instruire pour obtenir les emplois; elle présente au roi une liste d'officiers parmi lesquels l'empereur peut choisir des orateurs pour le fêtes classiques; les fonctions de ces orateurs consistent à préparer des morceaux de littérature, à traduire du Mantchoux en Chinois et *vice versâ* des essais littéraires écrit par l'empereur, et de les lire devant lui. Indépendamment des orateurs dont nou venons de parler, l'académie se compose, d'aide lecteurs, d'aide orateurs, de lecteur et orateurs suppléants. Leurs fonctions consistent à préparer pour l'impression tous les ouvrages dont le gouvernement a permis la publication. De l'académie impériale dépend le collège des historiographes, institué pour préparer des mémoire et l'histoire nationale.

Tels sont les principaux traits de l'organisation politique et administrative de la Chine. Rien ne paraît manquer, tant elle paraît minutieuse dans ses détails. L

…awn by T. Allom. Engraved by W. A. Le Petit

Coal Mines at Ping-Tsih.

Drawn by T. Allom.

Engraved by R. Brand.

Festival of the Dragon-Boat, 5th day of 5th Moon.

Drawn by T. Allom. Engraved by J. B. Allom.

Scene on the Honan Canal, near Canton.

Drawn by T. Allom. Engraved by H. Adlard.

Honan Islands, and Irrigating Wheel.

Drawn by T. Allom. Engraved by W. Floyd.

Junks passing an inclined plane on the Imperial Canal.

Jonques passant sur un plan incliné sur le canal impérial.

Die Dschonken einen Abhang hinunter fahren auf dem Kaiserlichen Canal.

législateur chinois a pourvu à tout. Quiconque visitera la Chine est étonné de voir tant d'industrie. Ce sont des jonques passant d'une branche du grand canal à une autre branche au moyen d'un plan incliné comme en Hollande ; ce sont des canaux dont les eaux ploient sous des milliers de jonques tel est par exemple le canal de Honan, près de Canton, dont nous donnons la gravure ; ce sont des îles fertiles où croissent des fruits en abondance comme les îles des Melons ainsi nommées à cause de la quantité de ces fruits qu'on y trouve. Cependant la faible résistance que les Chinois ont opposée à une poignée d'Anglais attestent des vices radicaux dans la constitution de ce peuple. D'où vient cette faiblesse ? Pour nous la cause en est dans la forme exclusivement monarchique du gouvernement chinois. Nous avons démontré combien cette forme de gouvernement est défectueuse pour tous les peuples qui l'ont adoptée en l'opposant aux résultats obtenus pour les sociétés régies par la forme démocratique ou la forme parlementaire, dans un travail que nous avons publié sous le titre de " Dotation et opposition " au sujet d'une question qui excitera longtemps encore parmi nons les passions populaires ; il s'agissait de la question relative à la dotation des princes de la dynastie d'Orléans. Notre manière d'envisager la question a été celle-ci : Après avoir reconnu que la dotation comme question d'écus est insignifiante en elle-même, et qu'elle ne mérite point les honneurs d'une lutte aussi ardente que celle qu'elle a provoquée, vu que la somme demandée nous a paru insignifiante pour un pays comme la France, nous nous sommes posé cette question : Un trône parlementaire est-il essentiel ou non à la prospérité, et au bien-être d'une société ; s'il n'est pas utile, la France ne doit pas donner de dotation aux princes de la dynastie d Orléans qui font sa force du trône ; mais si la présence du trône est vraiment utile, la France ne doit pas refuser la dotation. Après avoir comparé les sociétés parlementaire, monarchique, et démocratique entre elles dans la paix, et dans la guerre, il est résulté de ces comparaisons que les sociétés parlementaires ont un grand avantage sur les autres. Le travail que nous avons fait sur ce sujet nous parait plein d'actualité, et pour cette raison, nous en donnerons ici les principaux passages. On verra que la cause de la supériorité d'un peuple sur un autre se rencontre fréquemment dans la forme de ses institutions ; et il est très-probable, du moins c'est notre sentiment, que la Chine ne doit son infériorité relative sur les peuples occidentaux qu'à cette cause :

" Toutes les sociétés démocratiques et les sociétés purement monarchiques n'ont fait que passer sur la terre. Comment ont vécu, comment ont péri ces républiques et ces monarchies si brillantes de l'antiquité. Jamais sociétés humaines ne furent plus grandes et ne montrèrent une majesté plus imposante ! Dans quelques-unes les hommes paraissent si supérieurs aux autres hommes qu'on les dirait faits à la taille des dieux ; mais ces sociétés comme les météores qui nous éblouissent un instant par une longue trainée de feu, se dégradent, leurs feux pâlissent, puis ils disparaissent et font place à d'affreuses ténèbres. D'autres subissent différentes transformations : elles étaient républiques ; elles deviennent monarchies, ou monarchies despotiques, ce qui revient à la même chose ; car aucune de ces transformations ne résiste aux orages. Quand la tempête arrive parmi ces sociétés, les unes comme l'arbre qui est atteint par le tonnerre se brisent avec fracas, les autres tombent dans un état d'abjection et d'abattement cent fois père que la mort; celles-ci se dissolvent par exubérance de vie; celles là par l'engourdissement et la dégradation de leurs facultés.

La vitalité manque en effet aux sociétés monarchique et républicaine; elles ne sont point assez vigoureusement constituées, ni assez robustes, pour avoir une longue existence: L'histoire de la famille humaine considérée dans son ensemble ou dans ses détails renferme comme une révélation divine pour nous instruire à cet égard. Il semble qu'on entend à chaque pas une voix céleste qui nous crie: "Les grands cataclysmes qui ont effacé de la terre ces vastes monarchies, ces brillantes républiques, la chûte violente des unes, la dégradation constante des autres ne sont point l'effet du hasard; ils résultent d'une loi invariable et certaine. Les sociétés régies uniquement par l'élément démocratique ou par l'élément monarchique ont plus d'erreurs que de lumières, plus de vices que de vertus, parce que l'un ou l'autre de ces éléments, agissant par lui-même, est personnel, égoiste, et que ma volonté est que les hommes ne soient ni personnels, ni égoistes. Vous périrez tous vous-mêmes si vous adoptez la forme purement républicaine, ou la forme purement monarchique; le désordre et la confusion s'introduiront dans la famille; elle se gangrénera dans ses parties les plus nobles; et fatiguée de tant d'iniquités, ma main vengeresse s'appesantira sur elle pour l'anéantir et donner un nouvel enseignement aux générations qui lui succèderont."

La nature des gouvernements républicain et monarchique est en effet périssable, et ce qui nous trompe à leur sujet, c'est qu'en examinant la carrière que ces sociétés ont fournie, comme la plupart ont eu une époque brillante, nous nous laissons séduire par cette époque et qu'elle sert de base à nos appréciations; ce qui est une mauvaise manière de juger, car nous ne devons pas oublier que cent ans, deux cents ans, ne sont rien dans la vie d'un peuple. N'allons point également conclure de ce qu'une société, ayant existé à l'état républicain ou à l'état monarchique, conserve pendant un assez grand nombre de siècles le nom de république ou de monarchie, cette société soit restée durant tous ces siécles, une monarchie, ou une république dans l'acception ordinaire de ces mots. Ainsi Rome avait cessé d'être république longtemps avant que le premier empereur eut détruit la liberté, et ce ne fut pas assurément la hâche du bourreau qui brisa le sceptre de Charles Ier, ni celui de l'infortuné Louis XVI.

Sans recourir aux témoignages des temps antiques, qui ne voit parmi les peuples modernes combien les sociétés dans lesquelles domine exclusivement l'élément démocratique ou l'élément monarchique sont faciles à se corrompre et promptes à se dissoudre. Ouvrons l'histoire d'Angleterre! Le système parlementaire qui régit aujourd'hui la société anglaise ne sortit pas tout d'un coup du cerveau d'un homme, comme Minerve du cerveau de Jupiter. Ce système ne fut enfanté que par une lente succession d'événements et de connaissances. C'est une œuvre à laquelle prirent part un grand nombre de générations et qui dura plusieurs siècles. Mais que de tâtonnements, que d'oscillations! que de fois avant d'arriver là, on essaya le monarchisme pur et la forme républicaine! toutefois, autant de tentatives, autant d'avortements.

D'abord Guillaume Ier, après la conquête, institue le grand conseil, *l'aula regis*, le *magnum consilium*. C'est là que se fabriquent les lois. La société anglaise est en réalité monarchique ; une volonté forte et puissante la dirige et lui imprime le mouvement. Mais cette force et cette puissance ne tardent pas à s'affaiblir, et sous les Plantagenets, successeurs de Guillaume, le grand conseil se divise en deux chambres, l'une appelée la chambre des lords où siége la noblesse, l'autre appelée la chambre des communes destinée à la bourgeoisie. La société anglaise avait donc déjà la forme parlementaire ; mais elle était encore monarchique, car le trône qui depuis l'établissement des communes se croyait en sûreté contre les attaques de l'aristocratie, espérait bien gouverner d'après le principe absolu : ce qui lui paraissait facile en adoptant cet autre principe bien connu en politique chez les anciens, comme chez les modernes, *divide ut imperes*, divise pour régner. On sait qu'il n'arriva point ainsi que le trône l'avait espéré. L'élément monarchique, déjà profondément vicié fut à la longue absorbé par l'élément démocratique ; alors la société anglaise devint républicaine ; la *commonwealth* fut établie ; pendant quelque temps, la chambre des lords et le trône n'existèrent plus ; les communes exercèrent tout à la fois le pouvoir législatif et le pouvoir exécutif : tout émana d'elle. Cependant on ne tarda pas à s'apercevoir que depuis que la chambre des communes n'agissait plus que par elle-même, jamais elle n'avait été si vénale, ni si corrompue ; Cromwell s'empara du pouvoir, et la société anglaise cessant d'être républicaine, devint une société régie par la forme despotique. Mais cette forme de gouvernement n'a pas plus de vitalité que la forme purement monarchique ; on y trouve les mêmes tendances et les mêmes vices. On avait déjà rétabli la chambre des lords ; Charles II revint et Angleterre, et s'engagea à gouverner avec l'assistance des deux chambres, selon la forme représentative ; engagement qu'il ne tint pas, car Charles II avait les goûts et les penchants de ses pères et des rois ses prédécesseurs pour le gouvernement absolu ; Jacques II son frère fut expulsé du trône. Ainsi la société anglaise, n'est devenue parlementaire sérieuse, telle qu'on la voit aujourd'hui qu'après avoir été successivement monarchique, puis républicaine puis parlementaire non sérieuse. Ce qui est surtout remarquable ! c'est la reproduction pour ainsi dire textuelle de ces différentes transformations dans ce qui s'est passé, en France. Comme l'Angleterre, la France fut d'abord monarchique puis républicaine, puis Napoléonienne ou Cromwelliste, puis parlementaire non sérieuse, enfin parlementaire sérieuse, ce qu'elle est aujourd'hui ! Ainsi donc chez les anciens comme chez les modernes, les sociétés fondées uniquement sur le principe républicain et le principe absolu, périssent ou se décomposent pour passer à une nouvelle transformation.

Nous insistons particulièrement sur ces oscillations successives dans lesquelles on voit les sociétés anglaise et française chercher vainement à prendre leur assiette sous la forme monarchique ou la forme républicaine. On a coutume d'expliquer ces grands événements par les faits immédiats. Ainsi l'on dira que la monarchie anglaise a péri par les fautes de Charles I^r, et la Commonwealth par l'ambition de Cromwell. Nous demandons, nous, si la monarchie anglaise n'était pas morte longtemps avant que Charles Ier eut existé ; si Cromwell, n'ayant jamais vécu, une longue existence eut été possible pour la Commonwealth.

On nous citera sans doute comme des modèles de sociétés accomplies, la Russie pour les états monarchiques, et l'Amérique du nord pour les états républicains. Eh bien, la citation au lieu d'altérer notre sentiment sur la fragilité de ces sociétés et sur celle de leur nature ne fait que le confirmer.

J'entends même, sans en éprouver la moindre frayeur pour mon pays, parler du colosse Russe, comme on l'appelle, et de ses cinquante millions d'habitants ; et je crois fermement, qu'armée contre armée, chacune avec sa moitié de soleil, l'avantage resterait à la France. Non que les soldats russes, à mon avis, soient des soldats plus mauvais ou moins braves que les soldats français. Nullement ! mais parce que les soldats français, même avec une force physique moindre, sont plus fortement trempés par l'amour du pays et de la liberté que ne peuvent l'être les soldats russes qui n'ont aucun intérêt à la chose publique. Supposons une lutte entre la France et la Russie ? au pis aller qu'arriverait-il ? C'est le secret de la comédie, chacun le devine. La France battue, et son sol inondé de plusieurs millions de Russes, avant dix ans, les millions de Russes seraient français et parlementaires. Renversez la supposition ? La France est victorieuse à son tour ; la voilà qui se superpose au moyen de ses armées sur le colosse, et encore une fois la Russie est parlementaire et française. La Russie battant ou battue, les resultats définitifs sont les mêmes ; dans l'un comme dans l'autre cas, elle devient parlementaire.

L'existence précaire de cette société comme famille monarchique se révèle surtout dans les ukases impériaux qui ne permettent aux nationaux russes de visiter les pays étrangers qu'à des conditions onéreuses et difficiles à remplir. Que signifie une pareille politique ? assurément ce n'est point pour de tels titres que Pierre Ier et Catherine II reçurent de la reconnaissance russe le surnom mérité de Grand ! Est-ce que le sol commencerait à trembler sous les pieds de l'autocrate ? La Russie elle-même serait-elle à la veille d'éprouver différentes transformations, comme le firent l'Angleterre et la France dans leur temps. Résolues par l'affirmative, ces questions nous fourniront une preuve de plus que la forme monarchique est mauvaise en elle-même ainsi que pour les sociétés qu'elle régit, et l'on ne peut les résoudre que par l'affirmative.

On nous cite également les États-unis ; on nous donne en exemple cette contrée pour montrer combien un pays peut devenir florissant et acquérir de puissance quand l'élément démocratique agit isolément ou par lui-même. L'Amérique du nord est l'espérance des partisans du radicalisme, et nous concevons fort bien les sympathies qu'elle excite puisque nous les ressentons nous-mêmes. Mais c'est à d'autres titres : quel est donc le Français qui n'aurait pas de sympathies pour le peuple américain ? N'est-il pas un peu le fils de nos œuvres ? N'est-ce pas nous autres français qui, les premiers lui avons donné le baptême ? N'est-ce pas sur la terre américaine que nous avons débuté dans la carrière de la liberté ? nous devons également aimer les Américains pour la dignité qui caractérise l'homme dans ces contrées, et surtout pour l'héroïsme que déployèrent leurs ancêtres dans les jours difficiles où ils conquirent leur indépendance. Comme ils étaient vaillants ces hommes, quand seuls, réduits à leur propre force, ils jetaient au cri de "Dieu et la liberté " un défi audacieux à l'orgueilleuse Angleterre qui leur refusait

Drawn by T. Allom. — Sketched on the Spot by Captn Stoddart R.N. — Engraved by A. Willmore

City of Amoy, from the Tombs

une nationalité. Ah! c'étaient bien alors les descendans de ces familles presbytériennes qui poursuivies par le fanatisme de l'église épiscopale, avaient quitté l'Angleterre où elles seraient mortes en martyres plutôt que d'abandonner leurs convictions; qui, dans la souffrance, arrêtant leurs regards sur un pays où le despotisme n'avait point encore étendu son empire, où la nature jeune et vigoureuse n'attendait que des cultivateurs paisibles et instruits, pour leur donner une foule de trésors, avaient dit alors un dernier adieu à la patrie, s'embarquant par troupes avec les femmes et les enfants; à qui, pendant longtemps, des mœurs austères, une subordination naturelle avaient tenu lieu de lois. Les fils, à l'époque où éclata la guerre de l'indépendance n'avaient point dégénéré des pères.

Mais les sympathies que nous avons pour les Américains, et les citations qu'on peut nous faire en ce qui les concerne ne nous aveuglent point, et nous ne pouvons nous empêcher de reconnaître que ce pays, comme l'ont fait toutes les républiques, marche à grands pas vers une dislocation prochaine, ou qu'il subira une transformation comme cela est arrivé pour un grand nombre de démocraties. Voyez avec quelle violence, avec qu'elle capricieuse mobilité, s'agite l'élément démocratique dans cette république si jeune encore! Quel frein pourra calmer son intempérance? tout ploie sous sa loi, qui quelquefois est une loi injuste, inique. À tout bien considérer, une pareille société, dans sa condition actuelle, n'offre rien en elle-même de préférable à la condition dans laquelle nous nous trouvons nous-mêmes. Déjà la force de cohésion, force si nécessaire aux peuples dans leurs querelles avec les autres peuples, manque aux différens états qui composent l'union américaine; les liens se relâchent et s'affaiblissent chaque jour: ainsi les états du sud déclarent d'un ton menaçant et d'une manière péremptoire aux états du nord qu'ils rompront l'union, si ceux-ci insistent pour l'abolition de l'esclavage. Ou bien, au premier bruit d'une guerre avec l'Angleterre, les états du nord, qui sont les plus exposés aux coups de l'ennemi à cause de la proximité des Canadas, demandent à grands cris au congrès la continuation de la paix, tandis que les états du sud, qui espèrent réaliser des profits considérables par la capture des navires anglais au moyen des corsaires, sont toujours prêts à degainer et à mettre flamberge au vent. Les Américains sont un peuple jeune dont l'existence dans la famille des peuples ne compte guère qu'une soixantaine d'annees; leur territoire, par son immense étendue, offre de grandes facilités aux travailleurs pour amasser des richesses. Cependant à voir ce peuple tourmenté par tant de besoins, ceux-ci agités par l'ambition, ceux-là par l'avarice, qui ne comprend qu'une guerre longue et désastreuse pourrait engendrer un Napoléon et un Cromwell, sans qu'il fut permis aux Washington et aux Jefferson, aux Adams, aux Hancock, aux Franklin que l'Amérique peut avoir encore dans son sein de s'opposer aux projets audacieux de ces exterminateurs de la liberté? Enfin, ce n'est point l'Amérique du nord où les abolitionistes sont pendus sans autre forme de procès, qui peut espérer donner des leçons d'humanité aux états parlementaires, où gouvernemens et sociétés, accélèrent par tous les moyens que Dieu a mis en leur pouvoir l'affranchissement définitif de la race nègre.

Aux faits qui précèdent, nous pourrions ajouter pour les républiques, les déchirements qui se perpétuent dans les républiques de l'équateur, et pour les monarchies, l'état d'abjection dans lequel sont tombés l'Italie, le Piémont, la Turquie, tous les états asiatiques: mais ce serait reproduire les mêmes tableaux; dans tous, nous verrions la forme démocratique et la forme monarchique faciles à se corrompre. Opposons plutôt à cette foule d'états, les uns se disloquant et tombant en ruines, les autres arrivant graduellement à l'hébêtement et à la dégradation la plus complète, les tableaux que présentent les sociétés parlementaires. Voici les différences que nous y trouverons :

"La supériorité de la nature du système parlementaire sur la nature des autres systèmes nous paraît en tout état de cause incontestable. On sait que la nature du système parlementaire consiste dans l'action simultanée de l'élément démocratique et de l'élément monarchique. Examinons chacun de ces élémens séparément, en commençant par l'élément démocratique. Grande ressemblance avec l'élément démocratique qui agit dans les sociétés républicaines ; voilà ce que nous découvrons en lui à première vue. Ce sont les mêmes ardeurs ; la forme en est vague, indécise, incertaine ; il résume en lui toutes les nuances; tantôt il est radical, tantôt whig, quelquefois même il est tory ; cela dépend des circonstances et de ses besoins. Le trait principal de son caractère, c'est la résistance, la résistance quand même, toujours la résistance, et c'est en quoi il se trompe. Son but, il le proclame hautement, c'est de faire jouir le plus grand nombre de la plus grande masse de biens que la nature et l'art humain peuvent donner aux hommes réunis en société. Mais demandez lui comment il espère atteindre ce but si louable! Rien de déterminé, rien de précis dans ses données ! ce qu'il veut aujourd'hui, peut-être le repoussera-t-il demain ! ses répugnances sont excessives; ses désirs immenses, incommensurables, infinis comme l'espace. Décousu, sans cohésion, capricieux, irritable au dernier point, et pourtant rusé, souple, adroit, se repliant sur lui-même avec une admirable facilité, toujours prêt à attaquer et à combattre, triomphant dans les discussions violentes, faisant pour la moindre chose appel à la sensibilité nationale, ce qui le tue ! voilà l'élément démocratique sous sa mauvaise face.

Un tel caractère n'aurait rien qui recommandât l'élément démocratique à notre estime, si par le fait de la surveillance continue à laquelle il est soumis, il ne perdait en partie ses propriétés nuisibles, et n'acquérait ainsi d'éminentes qualités. Tenu en respect, mais non point assez fortement pour qu'il ne puisse toucher à chaque chose, l'examiner à sa manière, il se perfectionne ; et chose importante, il épure lui même tout en étant épuré. En effet, heureux de trouver ses adversaires en faute, jouissant de leur confusion, il les oblige par son ardeur et son active vigilance à de constans efforts. Malheur au pauvre ministre qui fait un faux pas ! l'élément démocratique ne lui passe rien ! loin de là, il exagérera la faute, tonnera contre le délinquant de toute la force de son éloquence ; il le dénoncera au pays comme un traître, un homme indigne qui vend la patrie à l'étranger. Imaginez maintenant ce que peuvent communiquer de vigueur à un pays, quelle puissance de propulsion vers la prospérité et la grandeur doivent donner de pareilles attaques alors qu'elles ont pour but apparent l'amour de ce pays. L'élément démocratique dans cette situation est bien en réalité la force.

La puissance qui enraye l'élément démocratique, est l'élément monarchique, lequel élément constamment observé lui-même acquiert une perfection extraordinaire, et devient forcément la suprême intelligence et le bienfaiteur du pays. Pour bien établir cette vérité, prenons dans un état monarchique un roi doué par la nature et l'éducation de grandes vertus et d'une haute capacité intellectuelle. Nous ne saurions contester qu'un roi monarchique dans cette situation, serait la suprême intelligence et le bienfaiteur du pays qu'il gouverne, si, pour le bonheur de son peuple, il s'attachait à procurer à ses sujets tout ce qui est bon et utile, grand et juste ; s'il suivait le mouvement des idées, pesait les unes et les autres dans la balance pour voir celles qui seraient applicables à leur tempérament, s'il rejetait les mauvaises et conservait les bonnes. Eh bien ! un roi parlementaire est à plus de titres qu'un roi monarchique la suprême intelligence de son pays, parce qu'un roi parlementaire est l'expression vivante de l'idée publique, c'est-à-dire de l'idée qui a été regardée comme la plus saine et la plus propre au bien-être général par la chambre des pairs et les communes françaises qui sont avec le roi le pays lui-même. Non qu'un roi parlementaire est exempt d'erreurs et de faiblesses, mais parce que ses erreurs et ses faiblesses, quand il en a, ne nous atteignent point.

Cette vérité qu'un roi parlementaire est forcément le bienfaiteur et l'intelligence suprême d'un pays, étant souvent méconnue et trouvant un grand nombre de contradicteurs, on nous permettra, en raison de son importance et de l'utilité qui existe à l'étendre et à la nationaliser, d'ajouter quelques mots au même sujet : supposez un roi parlementaire d'un mérite fort ordinaire, cela s'est rencontré fréquemment en Angleterre, pays qui est notre aîné pour les gouvernemens parlementaires. Si vous renversiez le trône, parce que celui qui l'occupe est un homme ordinaire, vous arriveriez à une république, puis à un gouvernement napoléonien, c'est-à-dire à une mauvaise société, à une mauvaise nature de gouvernement. Mais si vous conservez le trône avec ce roi d'un mérite vulgaire, il adviendra que le pays, ayant à passer par les épreuves les plus difficiles surmontera les obstacles et sortira de la crise avec avantage. Cela est arrivé très-fréquemment en Angleterre, notamment sous le règne de Georges III, prince dont les facultés intellectuelles furent si profondément altérées que le parlement fut obligé de nommer un régent de son vivant ; le pays se trouvait en ce moment lancé dans une guerre terrible ; il avait pour adversaire la France et Napoléon. D'où vient que le trône renversé, tout aussitôt le pays se transforme en une société mauvaise, tandis que le trône fortement assis, même quand il est occupé par un roi d'un mérite vulgaire, le pays triomphe des plus grands obstacles, si non que le trône est bien ici la personnification de l'idée publique ou la suprême intelligence du pays. Dans la supposition d'un roi vulgaire, le trône ne pense pas par lui, puisqu'il est naturellement impuissant pour le faire ; mais l'idée publique, c'est-à-dire l'idée qui a été adoptée pour idée publique dans le parlement, et par laquelle on lui a dit de penser, il sera obligé de la faire valoir ou de la mettre en pratique quand les circonstances l'exigeront. Un roi parlementaire en donc forcément l'intelligence suprême du pays, et comme l'idée publique est censément l'idée la plus convenable et la plus propre au bien être et à la prospérité des citoyens, un roi parlementaire est forcément aussi le bienfaiteur de son pays.

D'autres ont conclu, de ce qu'avec un roi parlementaire d'un mérite vulgaire les sociétés peuvent surmonter les plus grands obstacles, qu'il était indifférent pour ces sociétés qu'un roi fut doué ou non de grandes qualités intellectuelles. On veut dire par là que représentant l'idée publique, un roi parlementaire ne doit point faire usage de l'idée qui lui appartient en propre : ce qui est un contre-sens et un mauvais raisonnement puisqu'alors ce roi représenterait l'intelligence du pays moins la sienne et qu'il est incontestablement du pays ; outre que son idée étant très-fréquemment beaucoup plus parfaite que l'idée publique, parcequ'en raison des hautes régions qu'il habite, il peut mieux que personne embrasser l'ensemble et les détails, la synthèse et l'analyse de chaque chose, le pays perdrait tout le profit qu'il peut retirer de cette idée parfaite.

Telle est la nature du système parlementaire ; elle est incontestablement supérieure à celle des sociétés démocratique et monarchique.

On ne peut rien dire de positif pourtant au sujet de la longévité des états parlementaires, puisque l'existence de ces états dans leur forme actuelle ne date que d'un siècle et demi environ, et j'avouerai qu'en jugeant les choses à première vue, en voyant l'excitation permanente qui régne dans ces états, on est tenté de supposer que leur carrière ne doit pas être longue et qu'ils périront de mort violente. Cependant quand j'aperçois l'Angleterre atteindre un degré de grandeur auquel n'arrivèrent point les peuples le plus renommés de l'antiquité, au milieu de difficultés et d'obstacles qu'on devait croire insurmontables dans l'origine, je me rassure, et je me dis que cette tourmente qui m'effraye pourrait bien être une cause de la prospérité de ce pays, en ce sens que les facultés intelligentes des citoyens doivent se développer en raison directe des difficultés qui s'accumulent. Charles Ier en montant sur l'échafaud dit à ses sujets révoltés que la forme monarchique était la seule forme de gouvernement dans laquelle l'Angleterre put espérer trouver la richesse et la prospérité ; ses sujets ne l'écoutèrent point, et l'Angleterre ne s'en est pas mal trouvée. Depuis cette époque, une fermentation permanente qui a quelquefois éclaté en émeutes terribles n'a cessé d'agiter l'Angleterre ; cependant quand les colonies qu'elle avait fondées se détachèrent violemment de l'Angleterre, que toute l'Europe, jalouse de ses succès, se coalisa pour l'abattre, cette contrée soutint héroiquement la lutte. Dans les guerres de l'empire, au milieu de misères effroyables, on vit aussi l'Angleterre trouver des mines d'or intarissables pour solder les puissances européennes et combattre seule quand celles-ci avaient déposé les armes. Assurément la force agissant seule n'aurait pas produit de pareilles merveilles ; elle fut assistée par une grande intelligence.

La situation de l'Irlande, quelque alarmante qu'elle nous paraisse pour l'Angleterre, n'est pas un fait nouveau dans l'histoire de ce pays. Depuis des siècles la verte Erin, fait entendre des plaintes et des menaces, et fournit au sujet de la prospérité et de la puissance Anglaise de sinistres prophécies qui ne se réalisent point. La grande commotion de 1789 communiqua une agitation profonde à l'Irlande ; de toutes parts dans cette contrée, retentissaient les chants de la Marseillaise :—

Levez-vous enfants de l'Hybernie
Le jour de gloire est arrivé !

Les pots d'étain s'emplissaient de porter et d'ale ; on buvait :—

A notre jeune sœur des Gaules, régénérée
Par la prise de la Bastille.

L'Irlande, dans le but de rompre l'union, prit les armes et succomba dans la lutte. La colère du vainqueur fut terrible ; mais une monarchie ou une république qui aurait voulu conserver l'Irlande comme le voulait l'Angleterre, aurait été probablement plus sévère, à en juger du moins par ce qui se passa sous Elisabeth et les Stuarts, ou sous la *Commonwealth ;* et aucun de ces états n'aurait donné un exemple aussi remarquable d'équité que celui des lords d'Angleterre en cassant comme ils viennent de le faire le procès d'O'Connell. Je remarque, en outre, que depuis la fameuse bataille de la Boyne, et la capitulation de Limerick, c'est-à-dire depuis que l'Angleterre est devenue réellement parlementaire, la législature anglaise s'est constamment adoucie à l'égard de l'Irlande ; et sauf que l'Irlande a perdu son parlement, assemblée qu'elle me semble trop vivement regretter, parceque il n'y en eut jamais de plus corrompue ni de plus vénale, ses griefs remontent tous au temps monarchique et républicain. Enfin connaissant la difficulté de la question au sujet des différends qui séparent l'Angleterre et l'Irlande, je crois pouvoir avancer qu'une monarchie ou une république ne viendrait à bout de ces difficultés, l'une qu'en faisant peser sur l'Irlande la plus odieuse des tyrannies, l'autre qu'en faisant table rase de ce qui existe au moyen de la hache du bourreau ; tandis qu'il n'est pas impossible qu'avec de la sagesse et de la persévérance l'Angleterre parlementaire, grâce à l'action du trône, ne s'identifie réellement avec l'Irlande.

Je sais toutefois combien ce système est décrié ; et s'il fallait en croire les gens sur parole, cette forme de gouvernement serait la pire de toutes ! En effet, il n'est personne parmi les radicaux et les légitimistes qui n'affecte pour elle de profonds dédains. Le parti, dit constitutionnel, ingrat qu'il a comblé et qu'il comble tous les jours de bontés ne l'épargne point lui-même. Mais l'homme prudent ne saurait asseoir un jugement sur de pareilles données. Or, au milieu de ce torrent d'invectives, on est tout étonné de la bonne contenance du système parlementaire. C'est véritablement un homme de bonne compagnie ; tous, nous en conviendrons, quand il se fâche sérieusement, ce n'est que lorsqu'on lui met le pistolet sous la gorge. Voyez maintenant les autres systèmes? Comme ils s'agitent autour de lui ! Avec quelle modestie ils prétendent à l'infaillibilité ! Comme ils sont exclusifs, malendurants ! on dirait qu'ils vont s'entrégorger : ce qu'ils feraient assurément, si le système parlementaire, si pacifique toutes les fois qu'on l'outrage personnellement, n'intervenait pour mettre le hôlà ; car si ce système n'a pas encore assez de perfection pour obliger les hommes à s'entr'aimer, il veut au moins qu'ils se supportent.

On remarque aussi parmi tous ces systèmes beaucoup de couleurs différentes. Chacun a la sienne et affirme avec assurance que son drapeau est la couleur véritable de la France. À ce compte, il y aurait des milliers de France en France ! En second lieu, quelle est la bonne France entre toutes ces France ! " Prenez la mienne, prenez la mienne, s'écrient-ils tous ? " Le système parlementaire écoute avec patience ; il laisse faire tranquillement, il n'a aucune préférence pour l'une plutôt que pour l'autre, et travaille indistinctement pour le bonheur de toutes, car il les résume toutes en lui-même.

Dans les luttes mémorables de la république française avec l'Europe entière, nous remarquons qu'aucun peuple ne se montra aussi grand que le furent la France et l'Angleterre. Quelle dignité imposante ! que d'énergie ! À chaque instant vous croiriez que la dernière heure de ces deux peuples va sonner ! vous tremblez pour eux, car vous vous rappelez leur grandeur, les services que l'un et l'autre ont rendus à la civilisation; vous songez aux services plus grands que la civilisation et l'humanité attendent encore d'eux ! Noble spectacle ! Tous deux soutiennent héroïquement leurs désastres, et c'est dans leurs difficultés plus encore que dans leurs victoires, non quand ces états sont ligués avec d'autres peuples, mais quand ils combattent chacun séparement contre tous les autres, que nous devons le plus les admirer. Voyez maintenant la contenance des états qui figurent avec eux dans la querelle : ceux-ci paraissent comme frappés de stupeur dans leurs défaites ; on dirait qu'ils ont perdu toute leur vigueur : ils occupent un rang distingué dans le monde et sont maîtres d'une immense population, de territoires d'une vaste étendue ; la splendeur de leurs trônes éblouit nos regards ; cependant aucun de ces peuples n'agit par lui-même : tous attendent qu'on leur donne l'impulsion, et prompts à se laisser abattre ils sont aussi prompts à se laisser vaincre.

La France et l'Angleterre, pour avoir été aussi majestueuses dans leurs querelles avaient évidemment dans la chose publique un intérêt plus puissant que ces autres états. Tant d'héroïsme, tant d'opiniâtreté n'auraient point été leur partage, si le sang démocratique qui rajeunit les peuples et leur donne une constante virilité n'eut coulé dans leurs veines. Si la France et l'Angleterre ne s'abandonnèrent point au découragement dans leurs revers, c'est que le mot de nationalité représentait quelque chose de vrai pour elles ; que les noms sacrés de patrie et de liberté faisaient une forte impression dans leurs âmes ; que, sous l'empire de leur constitution, la lâcheté, la faiblesse, le découragement étaient impossibles.

L'élément démocratique dominait en effet dans les constitutions française et anglaise. Mais du choc des passions que cet élément met en mouvement, on vit tout-à-coup en France, sortir un soldat, le plus grand des hommes de guerre des temps modernes. La voix de ce soldat avait des accents magiques ; elle parlait de gloire à un peuple qui aime la gloire avec passion. Hélas, pour notre pays, l'élément démocratique, n'étant contenu par aucun frein, venait de se suicider lui-même. À la différence de la France, la Grande-Bretagne conserva sa constitution dans son intégrité ; l'élément démocratique qui avait communiqué une énergie extraordinaire en formait la base comme par le passé ; mais l'élément monarchique ou le trône tempérait les ardeurs de cet élément ; il en dirigeait la force ; il en corrigeait les propriétés nuisibles.

Le temps marqua les différences : vint 1814, année douloureuse pour la France ! Assurément nos vieilles phalanges, pour la valeur, l'intelligence et la discipline, ne le cédaient point aux meilleures troupes de l'Europe ; et nos généraux tous rompus au métier des armes avaient des droits incontestables pour leur expérience, à l'admiration et à la confiance du monde entier. Cependant lisez les ouvrages qui ont été écrits sur cette époque, et vous verrez que les historiens, auteurs de ces ouvrages, s'accordent à dire que le pays était las de la guerre, et que nos généraux, saturés de gloire, désiraient ardemment le repos. L'élément démocratique n'existant plus, la persévérance et la force que lui seul peut donner, s'étaient considérablement affaiblis. Les choses ne se passèrent point de la même manière pour l'Angleterre; je remarque en effet, à cet égard, que l'Angleterre faisait la guerre depuis à peu près autant de temps que la France elle-même; que cette guerre lui coûtait beaucoup plus cher qu'à la France; que cette contrée se trouva seule comme la France à lutter contre l'Europe entière; cependant que dans toutes les histoires qui ont été écrites sur ce pays, il n'est point fait mention de l'abattement et de la lassitude des généraux anglais; et je dis que la même chose arriverait à la France parlementaire si une querelle venait à éclater entre les deux peuples; je dis qu'au cri de guerre poussé pas quelques voix chaleureuses, des centaines de mille de soldats surgiraient du sol, et que les généraux qui les mèneraient à l'ennemi ne seraient jamais las, parce que la presse entière entretiendrait leur activité; et que si la lassitude venait à les gagner, la presse guérirait immédiatement cette lassitude, en provoquant tout de suite contre eux un conseil de guerre, en les couvrant d'infamie et de honte.

Mais il existe à l'égard de la supériorité des sociétés parlementaires sur les autres sociétés pendant la guerre un autre fait bien remarquable. Homme pour homme, vaisseau contre vaisseau, la France et l'Angleterre ont une égale puissance, et bien hardi qui avant une bataille parierait deux contre un pour l'une plutôt que pour l'autre. Ces deux peuples ont rempli le monde du bruit de leurs luttes; il n'y a pas un coin de la terre ou des eaux où ils ne se soient rencontrés les armes à la main, et qu'ils n'aient rougi de leur sang. Cependant à la différence de la France qui ne sait que conquérir, l'Angleterre conquiert et conserve ses conquêtes; et ce qu'elle a fait en ce genre est vraiment admirable. Songez à cette poignée d'aventuriers conduits par Lancastre qui, sous le règne d'Elisabeth, se jettent dans une pinasse d'une centaine de tonneaux, s'élancent sur le vaste océan, et vont poser dans l'Inde les fondements d'un empire qui fournit aujourd'hui cent trente millions de sujets à la couronne britannique. Voyez l'Angleterre s'emparer dans la mer des Indes et la mer Pacifique d'une foule d'îles importantes qui couvriraient par leur étendue dix fois la superficie de son propre territoire. Suivez-la dans l'Amérique du Nord, elle y possède les deux Canadas; dans les Indes occidentales, elle occupe les îles les plus florissantes et les plus belles parmi les Antilles; dans la Mediterranée, elle a Gibraltar, Malte, les îles Ioniennes, sur la côte d'Afrique, le cap de Bonne-Espérance et Sierra Léone, etc.

Comment expliquer ces différences? Pourquoi l'Angleterre et la France étant égales l'une et l'autre en toutes choses, la France ne sait elle que conquérir, tandis que l'Angleterre conquiert et conserve. On a coutume de répondre à cette question en disant qu'il y a plus de persévérance, plus d'esprit de suite chez le peuple anglais que chez le peuple français; ce qui revient à dire que le premier possède une faculté que n'a point le second.

Cette faculté, qui n'est autre chose que la force dirigée par l'intelligence, manqua en effet à la France républicaine, à la France monarchique et napoléonienne, mais la France parlementaire la possède. En voulez-vous la preuve ! voyez ce qui se passe tous les jours au sujet d'Otaïti et de l'Algérie ! si l'occupation de ces territoires se fut accomplie pendant que la France était napoléonienne ou monarchique, et qu'il eût convenu à ces gouvernements pour une raison ou pour une autre de se défaire de ces deux pays, qui donc eût bougé, qui aurait osé soufflé mot ? si l'occupation se fût accomplie sous une république, qui pourrait nier que par le fait des événements qui sont survenus à ce sujet, nous n'aurions fait la guerre, et perdu sans doute ces deux contrées, obligés que nous aurions été de les laisser sans défense pour nous défendre nous-mêmes ? Dans les états parlementaires, outre que l'administration est obligée au succès pour se soutenir, chaque chose est scrutée, examinée et devient fréquemment l'objet d'un blâme ! Qu'est-il arrivé au sujet d'Otaïti, quand les ministres annoncèrent aux chambres l'occupation de ces îles. Ils avaient droit à des éloges. Point du tout ! l'opposition les blâma avec amertume : les îles étaient trop éloignées, elles allaient coûter fort cher ; s'ils eussent voulu lâcher les îles, tous le pays eût été contre eux. Le temps s'écoule ; un différend survient entre la France protectrice et Otaïti protégée, et le ministre qui avait eu tant de peines pour faire accepter le protectorat est obligé de déployer plus de talents encore pour contenir l'ardeur belliqueuse de ses adversaires qui au lieu du protectorat simple veulent maintenant une occupation définitive. Une longue émotion court du centre aux extrémités du pays ; les paroles les plus outrageuses sont jetées au ministre du haut de la tribune et dans la presse on l'accuse de manquer de courage et de sacrifier son pays à l'Angleterre. Jugez par cette agitation de celle qui aurait eu lieu si l'administration eût cru devoir adandonner les îles, et vous saurez alors pourquoi les sociétés parlementaires conquièrent et conservent.

Mais poursuivons notre examen ; voyons les différentes sociétés que nous examinons dans la législation, dans la religion, et nous trouverons dans chacune de ces branches importantes de l'administration d'un pays, avantage pour les sociétés parlementaires, par le fait de la perfection de l'élément monarchique.

Je ne crois point avoir de contradiction à craindre en disant qu'il n'est pas de pays dans lesquels la loi soit plus strictement équitable dans la pratique, et avec autant de garanties pour l'accusé que la loi française et la loi anglaise. Tous les états monarchiques possèdent dans leur arsenal une foule de lois d'une élasticité merveilleuse. Indulgentes pour les riches, elles sont ordinairement d'une grande sévérité pour les pauvres ; la démocrate Amérique a la lynch-law. Dans les états parlementaires, la loi est pour tout le monde indistinctement. Malheur à celui qui la viole ! on leur reproche, il est vrai leur instabilité ; on dit qu'elles changent trop fréquemment, et parmi ceux qui se plaignent avec le plus d'amertume à cet égard, je reconnais Timon, le savant, le logicien Timon. Mais c'est bien autre chose dans les sociétés démocratiques dont on le dit si éperdument épris. Qu'il daigne nous accompagner au forum ! à chaque instant du jour, il entendra retentir à ses oreilles, ces mots sacramentels qui précèdent l'adoption ou l'abrogation des lois : « Romains, voulez-vous, ordonnez-vous que telle chose se fasse ? » Les lois succèdent continuellement aux lois. En vain, pour arrêter cette *légo-*

Drawn by T. Allom. Engraved by J. Redaway

Han tsuen, Province of Kwang-tung.

manie, on adopte les lois *Œlia* et *Fufia* que Cicéron appelle les remparts de la liberté publique; les lois Œlia et Fufia sont cassées, abrogées comme toutes les autres. Le système monarchique est tout l'opposé du système démocratique à cet égard: si celui-ci est impétueux et procède en véritable casse-cou, celui-là tout bouffi de morgue et de vanité, orgueilleux comme un paon, voulant tout savoir et ne sachant pas grand chose, s'admire dans les beautés incomparables du *statu quo*, ou s'il casse, s'il abroge, soyez-en persuadé, ce sera pour s'enfoncer davantage dans l'ornière; ce n'est point ainsi que procède le système parlementaire, tous les genres de perfection que l'homme peut espérer d'acquérir dans l'ordre moral comme dans l'ordre physique sont possibles avec lui; il ne repousse aucun genre d'amélioration, et quand le besoin les a fait naître, il procède encore avec une sage lenteur, de manière à préparer le pays au régime nouveau qui va lui être appliqué. Il tâtonne, il hésite, et après avoir examiné la question sous toutes ses faces, s'il juge à propos d'abroger, il abroge, s'il croit nécessaire d'innover il innove.

Quoi qu'en disent les partisans du système républicain et les partisans du système monarchique, les états parlementaires, malgré l'égoïsme et la personnalité qu'on leur reproche, sont les plus grands, les plus généreux, les plus humains parmi les états de la terre. C'est le parlement anglais qui vote des sommes énormes pour l'extinction de l'esclavage; c'est la France qui marche à pas de géant dans la même carrière, tandis que les états du sud de l'Union Américaine pendent les abolitionistes en vertu de je ne sais quelle loi barbare qui ne peut exister que dans le code de l'égoïsme et de la cupidité portés au dernier excès. C'est le Portugal, terre autrefois renommée par son fanatisme, qui proclame par la bouche de sa jeune reine que les feux des bûchers ne s'allumeront plus désormais sur son sol pour les hérétiques, tandis que la Savoie trouve des raisons pour justifier la violation des lois les plus saintes parmi les hommes, la puissance paternelle et le droit des gens. C'est la jeune Espagne, encore toute chaude et toute palpitante de ses commotions civiles qui tend une main bienveillante à ses enfants égarés, tandis que la Russie, cet état qu'on nous dit si puissant, sans miséricorde pour les héroïques débris de l'infortunée Pologne, qui n'ont d'autre tort, hélas! que celui d'aimer leur pays, les poursuit de ses colères et de ses vengeances jusque sur la terre étrangère. France est le premier nom qui vient à la pensée du malheureux: qu'opprimera la tyrannie; c'est vers cette terre généreuse, dont nous sommes si justement fiers, qu'il tournera ses regards dans ses douleurs, au milieu des bourreaux qui lui déchireront le corps.

La supériorité des sociétés représentatives sur les sociétés monarchiques ou les sociétés républicaines, soit que nous examinions ces sociétés dans la manière dont elles traversent les difficultés les plus grandes qui peuvent assaillir un peuple, soit que nous les comparions entre elles sous le rapport de la modération ou pendant la guerre n'est donc pas un fait imaginaire. En conséquence ne nous étonnons plus de la faible resistance que la Chine, malgré sa prodigieuse population, a opposée aux armées de l'Angleterre. La Chine peut exciter notre admiration par la beauté de ses sites pittoresques; citons ceux de Han-tseuen dans la province de Kiang-nang; voyons en outre si nous voulons dans les Chinois des hommes habiles par la sagacité de leurs dispositions dans le choix des lieux pour l'établissement de leurs forteresses ; mesurons avec étonnement la hauteur de Foo-king, la montagne aux deux Pitons, située dans la province de Shen-si ; accordons de la hardiesse et de la symétrie à leur imagination pour la manière dont ils jettent des constructions comme celles qu'on voit dans ce lieu sauvage; transportons-nous par la pensée dans les centres les plus populeux et les plus commerçans de leur vaste empire, comme à Canton ou bien dans la cité d'Amoy, où nous verrons s'élancer hardiment dans les airs de magnifiques pagodes; mais n'allons pas chercher la force chez les Chinois ; nous n'y trouverons que faiblesse, qu'abus. La Chine est monarchique, et le principe purement monarchique en Chine comme en Europe, n'a aucune vigueur en lui-même.

Au point de vue religieux les sociétés parlementaires sont très-remarquables. Mais en religion, il y a différentes choses à examiner : commençons par la tolérance qui est aussi une religion. Or, à cet égard, les états parlementaires assurément n'ont rien à envier aux autres états, et l'on m'accordera que la France est supérieure à tous. En effet, c'est la France de juillet qui a consacré de manière à n'y plus revenir, cette vérité importante et si souvent méconnue, que Dieu défend aux hommes de se haïr, qu'ils ont tous la même valeur à ses yeux, quelle que soit la différence qui les sépare dans leurs idées religieuses. Le mariage du feu duc d'Orléans avec la princesse Hélène est l'un des actes religieux et politiques les plus grands qui ont été accomplis, dans les temps modernes, et c'est au trône qu'en revient tout l'honneur. L'historien s'arrêtera sur ce fait ; il en fera assurément, pour notre pays, un point d'arrêt auquel il rattachera tous les autres faits ; et, en songeant aux guerres religieuses qui désolèrent la France, il s'humiliera devant la puissante intelligence de ce souverain que nous sommes si prompts à décrier ; il bénira sa mémoire au nom de l'humanité, pour avoir rompu définitivement avec un mauvais passé et avoir fait un pas de géant dans la voie libérale. C'est également la France qui, la première parmi les nations européennes, a traité la famille juive sur le pied de l'égalité, en ne faisant aucune distinction entre cette famille et ses autres enfants, en donnant à ceux-ci comme à ceux-là les mêmes droits civils et politiques. À tous ces titres la France parlementaire a des droits incontestables à l'estime des peuples.

Indépendamment de la tolérance, il y a dans la religion le dogme, dont il n'y a rien à dire, puisque la loi du catholicisme nous ordonne de croire qu'il est immuable, et que cette immutabilité lui est restée. Il y a l'état moral du clergé, et, si l'on rapproche ce que les historiens nous disent des temps passés avec ce qui existe aujourd'hui, on conviendra que la comparaison ne sera pas au désavantage du clergé de la France parlementaire ; ajoutons que les membres du clergé français n'eurent jamais un caractère plus noble et plus élevé, et ne remplirent leurs fonctions avec plus de ferveur et de zèle. Il y a également dans la religion le talent, le degré de savoir du clergé ; et les temps monarchiques, je le sais, sont fameux à cet égard, surtout pour l'éloquence de la chaire. Mais je ne puis connaître les grands maîtres de ces temps-là que par les œuvres qu'ils ont laissées, et quand je les compare avec ce que j'entends, je donne

Drawn by T. Allom. Engraved by R. Sands

Foot of the Tse hing, or Five Peaks, at Lo-Nan.

Drawn by T. Allom. Engraved by W. H. Capone.

Temple and Village on the Canal near Canton.

encore la préférence aux orateurs sacrés de la France parlementaire. Ainsi que je lise Bourdaloue, Bossuet, Massillon je dis bien que ces grands hommes étaient de sublimes penseurs, d'éloquents écrivains; mais qu'un pauvre me demande en ce moment quelques sous, j'éprouverai un engourdissement extraordinaire dans la main quand je la porterai à la poche, et en donnant je toiserai mon homme, je l'examinerai dans les yeux, sur le front; les plis qui sillonneront son visage ne me paraîtront point suffisamment profonds pour l'autoriser à me demander mes misérables sous; je serai tenté de lui dire: "Va travailler aux chemins de fer!" Que si au contraire je viens d'entendre la voix de quelques-uns de nos orateurs sacrés les plus renommés du jour, et qu'à la sortie d'une église un pauvre se présente à moi, je donnerai vivement et sans compter. Mon cœur, qui a été profondément remué n'aura plus d'avarice. Je serai content de voir la figure de ce pauvre s'épanouir par la certitude qu'il a de passer gaiement sa journée, et sa bénédiction qu'il m'enverra me paraîtra vingt fois plus précieuse que les quelques francs que j'aurai mis dans sa main. Je trouverai du profit au marché.

On nous dira que la religion considérée au point de vue de l'enseignement est dans une condition d'infériorité qui est fâcheuse, et conséquemment que son action comme instrument moralisateur manque de force ou de nerf. Cette question agite profondément les esprits; on le conçoit à cause des graves intérêts qui s'y rattachent. C'est d'un côté un corps respectable qui demande une part plus grande dans l'éducation de la jeunesse, que celle qui lui est faite; qui défend la religion dans ses attributions les plus saintes, non-seulement parce qu'il est clergé, et qu'en cette qualité, il est obligé de la défendre, mais encore parce qu'il est citoyen et qu'il s'autorise de l'état moral du pays, état qui tend à se dégrader ainsi que le prouvent d'une manière trop incontestable nos statistiques criminelles. D'un autre côté, c'est l'état qui par l'organe des ministres du pays repousse la demande et déclare qu'en matière d'enseignement l'action du clergé doit être subordonnée à l'action civile! Que faire? un projet de loi a été présenté par le gouvernement à la législature. Mais beaucoup de publicistes n'y voient qu'un atermoiement, un adoucissement temporaire de la chose présente, et dans la supposition que la liberté religieuse saisit le cœur de l'homme dans son sens de la même manière que la liberté civile dans le sien, ils proposent d'établir en France une liberté religieuse aussi complète que celle qui existe en Amérique. Nouvelle difficulté pire encore que les précédentes, car la liberté religieuse est comme la liberté civile; quand elle n'est pas contenue par un frein, elle engendre la licence.

Aucune question ne présenta plus de difficultés à vaincre dans la pratique, et ne demanda plus de maturité dans la délibération: la résoudre d'une manière absolue et définitive est un espoir auquel il ne faut pas songer; mais on peut l'éclaircir et la réduire à son véritable état, c'est-à-dire mesurer les forces de la France, voir ce qu'elle peut accepter, ce qu'il faut qu'elle repousse, et aucun pays ne se trouva dans des conditions meilleures pour accomplir une pareille œuvre qu'un pays où la force est combinée avec l'intelligence. Les besoins du pays appréciés à leur juste valeur, une loi règlera la matière, et gouvernement, clergé, opposition, tout le monde obéira à cette loi jusqu'à ce que de nouveaux besoins surgissant une loi nouvelle devienne l'expression de ces besoins.

Cela étant, et raisonnant au point de vue constitutionnel, point de vue qui exige de la circonspection et de la prudence, car ces vertus sont essentielles pour les gouvernants parlementaires, on ne doit pas être surpris des tâtonnements avec lesquels procède l'administration de notre pays dans cette circonstance. Nous dirons, pour la même cause, que le clergé catholique, en ce qui le concerne fait très-bien comme il fait: car dans les états parlementaires, agrégations d'hommes ou individus isolés, chacun doit s'évertuer le plus possible pour faire prospérer et prévaloir les intérêts qui lui sont particulièrement dévolus: force et intelligence ne veulent pas dire autre chose. Le législateur nous fait une impérieuse loi de ce devoir. Agir autrement, ce serait déserter le drapeau, et le clergé français n'abandonnera pas le sien; courage! courage! généreux défenseurs de la foi de nos pères, lès temps sont rudes et difficiles, mais le cœur ne vous manque point! Courage! vous combattez sur la terre de France qui est aujourd'hui une terre de liberté.

Clergé et gouvernement font donc leur devoir, chacun de son côté; mais il me semble, à la manière, dont je comprends mon sujet, que l'opposition ne fait pas le sien. Non que je veuille la blâmer, parcequ'obéissant à ses convictions, elle attaque le clergé au lieu de le défendre comme l'exigerait son intérêt, puisqu'en soutenant cette cause, elle se ferait un ami de plus dans ses difficultés avec le pouvoir. Je dis seulement qu'elle me paraît blâmable pour la manière dont ses convictions sont faites. Ainsi tous les ouvrages qui ont été publiés contre le clergé où les jésuites paraissent avoir été jetés dans le même moule. Dans chacun, les auteurs, après avoir ramassé tous les faits repréhensibles imputés à ceux qu'ils n'aiment point, se sont attachés à faire ressortir les vices. Personne n'a songé aux bonnes qualités ni aux vertus. De leur côté, les défenseurs du clergé, procédant de la même manière, mais dans un sens opposé, et ils sont encore ici dans leur droit, car il est bien naturel qu'on ne se découvre point quand on nous attaque, nous avons une multitude de livres qui ne nous apprennent rien de ce que nous devrions savoir. Qu'un homme impartial et intelligent dans l'intention d'apprécier la situation s'empare des pièces du procès, et après avoir lu tous ces volumes, il lui sera impossible de se prononcer.

Une méthode plus certaine, mais plus difficile, serait de mesurer les vices et les vertus, de voir s'il y a plus de défauts que de bonnes qualités dans le clergé: auquel cas, c'est-à-dire en résolvant la question par l'affirmative, il faudrait dire que la religion a pour effet d'altérer les mœurs de ceux qu'elle charge d'enseigner la morale aux autres; de préciser si les défauts appartiennent à la masse ou à des individus isolés; de déterminer si le clergé n'a pas éprouvé des transformations dans son caractère comme nous en avons éprouvé nous-mêmes dans le nôtre par le fait des changements qui ont été opérés dans nos institutions; de s'assurer en outre si les institutions sont insuffisantes pour supporter les vices, et si, avec la puissance que ces institutions possèdent en elles-mêmes, il ne serait pas possible, dans l'hypothèse absurde où il y aurait plus de vices que de vertus, d'atténuer les vices et de faire tourner l'intelligence ou les vertus au profit de la société. Ces recherches, si faciles dans un état où l'impétuosité est tempérée par le trône aideraient, quelqu'en fût le résultat, le gouvernement dans son travail; et dans la supposition d'une décision contraire au clergé, cette décision adoucirait ses regrets; car si son sentiment comme prêtre était froissé, comme citoyen il serait heureux d'appartenir à un pays où l'on ne condamne point sans avoir observé les règles sévères de la justice, où le bien-être de tous est la seule loi qu'on adopte.

Telle est la situation religieuse en France, pays régie par l'action simultanée de la force et de l'intelligence. Mais il y a beaucoup de gens sceptiques, dira-t-on, dans les sociétés parlementaires. Cela peut-être: mais bien attaqué, bien défendu; et, si proportion gardée, le nombre de ceux qui croient ou qui ont la foi dans les sociétés parlementaires est beaucoup moins considérable que dans les états monarchiques, comme les premiers sont incontestablement supérieurs par leur instruction et leurs lumières aux hommes des états monarchiques, il est évident que l'avantage est encore ici pour les états parlementaires. Nous ne parlons point, nous dira-t-on encore des états républicains, et, dans la franchise que nous apportons dans le débat, nous conviendrons qu'à certains égards l'Amérique du nord est supérieure à la France, notamment pour la sollicitude dont le législateur dans cette contrée républicaine entoure le clergé, pour la considération et le bien-être dont il veut que jouissent tous ses membres sans distinction de culte! Mais de ce qui n'existe pas chez nous, et de ce que nous pourrions faire tout aussi bien que les Américains, on ne peut raisonnablement conclure qu'une société parlementaire comme la nôtre est inférieure à une société républicaine comme l'Amérique.

Les sciences offrent les mêmes résultats, grâce à la même influence. Toutes les sciences en général sont en voie de progrès en France. La science sociale elle-même, la plus difficile de toutes les sciences, et la plus utile à connaître, est devenue plus générale, et commence à être étudiée par certains esprits avec beaucoup de sollicitude et de soins. On dit bien que les grands penseurs, comme les Newton, les Leibnitz, les Locke, les Descartes, les Jean-Jacques Rousseau, et tous ces grands hommes qui à la vue perçante de l'aigle, joignaient les avantages artificiels que donne le microscope, pour embrasser une question dans son ensemble et dans ses détails, deviennent fort rares. Cela est vrai; mais admettez pour un moment que les querelles qui agitent si profondément les partis, et dont le fond est absurde la plupart du temps, sont suspendues, que la pensée n'est plus enchaînée dans le cercle étroit de la personnalité comme cela se voit aujourd'hui; voyez cette pensée réchauffée, encouragée quand elle jaillit du cerveau d'un honnête homme, et bientôt vous serez obligé de reconnaître, que ce n'est point le génie qui manque aux hommes parlementaires pour créer en quoi que ce soit, et que les sociétés représentatives sont supérieures, en cela comme en autre chose aux autres sociétés, en se sens que le *statu quo* est monarchique; que l'utopie est républicaine et que l'utile et le réellement praticable sont parlementaires.

Mais il nous reste à parler de la situation morale des pays parlementaires: et nous sommes obligés de convenir que ce côté est la partie défectueuse du système. Mais à qui la faute? l'attribuerons-nous à l'élément monarchique, ou à l'élément démocratique? Le problème est très-important à connaître, et d'une solution difficile. Ne raisonnons que sur les faits: "J'ai souvent entendu sortir ces touchantes paroles de la bouche d'un

rawn by T. Allom. Sketched on the spot by Captn Stoddart, R.N. Engraved by E. Brandard.

The Heights of Terror, Ting-hae.

Drawn by T. Allom. Engraved by W. Fl

Arrival of Marriage Presents at the bridal residence.

ARRIVÉE DES PRESENTS DE NOCE À LA DEMEURE DE LA FIANCÉE.— ANCIENS TOMBEAUX PRÈS D'AMOY.

TERMINONS ici ces rapprochemens, et revenons aux descriptions et aux faits qui se rapprochent davantage de la spécialité de notre cadre. Dans plusieurs parties de cet ouvrage nous avons parlé des différentes cérémonies qui accompagnent la célébration d'un mariage chinois. La gravure que nous plaçons en regard complètera ces détails, elle nous représente le moment où la fiancée se pare des présents que son futur époux lui envoie. Dans une partie de la chambre, assises sur un divan, sont ses compagnes et ses parentes, elles pleurent en attendant le moment prochain où elles vont se séparer de la jeune épouse.

Cette cérémonie, ainsi que celles qui sont pratiquées en l'honneur des morts, ont une grande analogie avec ce qui se passe en cette occasion dans tous les pays orientaux. Plusieurs officiers anglais ayant quitté Amoy pour faire une excursion dans les environs, trouvèrent un ancien cimetière qui occupait une large excavation dans la montagne, qui avait de la ressemblance avec une carrière en voie d'exploitation. Une tombe en forme de croissant et entourée d'une triple muraille était placée à l'entrée. C'était celle d'un mandarin supérieur; derrière, des marches conduisaient à un temple soutenu sur des colonnes en bois, la porte d'entrée était sculptée de dessins très-pittoresques, il était facile de reconnaître qu'une partie des constructions appartenait à une époque très-reculée. Car dans quelques endroits, étaient des enceintes spacieuses entourées de murs très-solidement construits, et au centre s'élevaient des temples creusés dans le roc et remplis d'ossemens humains. D'autres endroits étaient occupés par de sombres souterrains dont les portes étaient ouvertes, avec des galeries d'un prolongement fort étendu : dans quelques-uns se trouvaient des urnes funéraires; dans d'autres des cerceuils ; beaucoup étaient vides.

Mais si les Chinois ont de grandes ressemblances avec les habitants des pays orientaux dans les cérémonies du mariage, et la forme des édifices que leurs ancêtres élevaient en l'honneur des morts, ils possèdent sous d'autres rapports une foule de traits caractéristiques qui leur appartiennent en propre. Ainsi l'indique une lettre écrite au *journal des Débats* par un des officiers de la corvette à vapeur française *l'Archimède* qui nous donne des détails pleins d'intérêt sur ce peuple. Nous la transcrivons ici :

" Nous venons de faire notre voyage à Canton. Le 11 (décembre 1844) au matin, nous est arrivé l'ambassadeur de France avec toute sa suite, et nous avons appareillé immédiatement, favorisés par un temps magnifique ; nous passâmes une journée charmante ; la bonne moitié en fut bien employée à table, le reste en parties de tric-trac, de whist, et qui se sont prolongées jusqu'à minuit, heure, où nous avons mouillé à Wampoa. Nous y sommes restés huit jours, et j'en ai passé quatre à Canton tout à fait établi à terre. La ville de Canton n'est remarquable ni par ses monumens, il n'y en a aucun ; ni par ses promenades, il n'y en a aucune ; ni par ses places, il n'y en a point. Sauf *New China street* et *Old China street* qui sont absolument semblables à deux de nos beaux passages de Paris, Canton est un composé de petites rues étroites et longues, dans la plus large desquelles trois hommes passeraient à peine de front. Aussi pas une voiture, pas un cheval, pas la moindre petite brouette nulle part; mais une foule de gens se pressant, se ruant, se poussant continuellement dans ces rues étroites, sans cesse encombrées par des portefaix dont les fardeaux suspendus aux deux extrémités d'un bâton reposent sur leurs épaules, et prennent souvent la largeur de la rue. Heureusement, les magasins et les boutiques bordent des deux côtés et sont toujours ouvertes, de sorte qu'à tout instant il faut s'y jeter pour éviter d'être heurté. Tout ce monde allant et venant fait l'effet d'une vraie fourmillière. On ne voit jamais de femmes dans les rues; les Chinoises, excepté celles de la basse classe, restant toujours confinées chez elles. Pour les Européennes, si une d'elles venait à paraître en public, elle serait immédiatement mise en pièces. Quant aux Européens, on les insulte bien de temps en temps ; on leur fait signe qu'on va leur couper la tête ; mais il ne faut pas y prendre garde. Les Chinois sont de la race de ces chiens qui aboient beaucoup et ne mordent jamais, à moins qu'on n'aille les attaquer; encore faut-il qu'ils se sentent en forces bien supérieures. Ce qu'il y a de plus curieux, c'est la rivière sur laquelle vivent environ soixante mille habitants. Il y a des quartiers de bâteaux, des rues de bâteaux. Dans chacun de ces bâteaux habitent une et souvent plusieurs familles.

Il y a la ville marchande, où chaque bâteau est une boutique: il y a la ville du peuple; ce sont de pauvres et de misérables bâteaux; il y a enfin la ville de plaisir; ce sont d'immenses bâteaux peints de couleurs brillantes, ornés de sculptures dorées, où l'on trouve des salons magnifiques, des divans voluptueux. La nuit ces bateaux resplendissent de mille lumières. On n'y entend que danses, chants et musique. De somptueux festins y sont servis, présidés par des femmes couronnées de fleurs et dans leurs plus beaux atours. Malheur à l'étranger qui se laissant séduire par la voix et les charmes de ces sirènes mettrait le pied dans ces brillans palais d'orgie et de débauche; sa mort serait le prix de son imprudence. Les Chinois souffrent difficilement qu'on vienne s'immiscer dans leurs affaires, mais ils ne pardonnent pas qu'on vienne se mêler à leurs plaisirs. Les rues de la ville aquatique sont aussi animées que celles de la ville terrestre ; elles sont sans cesse sillonnées par des milliers de tunkas, allant et venant, se croisant en tous sens. On appelle tunka des petits bâteaux couverts qui font sur la rivière de Canton le même office que les gondoles à Venise, ou les voitures dans nos grandes rues de France. Chacun de ces bâteaux est monté par une femme qui se tient à l'arrière avec une godille, et par un homme qui se tient à l'avant avec un aviron. Entre les deux est un petit salon avec des jalousies, des rideaux, où on tient fort à l'aise quatre à cinq personnes. Nous en avions loué un pour le temps de notre séjour à Canton, comme on loue une remise à Paris. Notre plus grand plaisir était, le soir, de nous faire conduire autour des *bâteaux fleurs* (c'est le nom qu'on donne aux bâteaux de plaisir). Du fond de notre salon, nous observions ces mœurs si curieuses; nous voyions les danses, nous entendions les chants, nous examinions le costume des femmes, sans que personne pût nous apercevoir.

Ayant été invités à la fête que donnait Pantze-Ching, le riche mandarin à l'ambassade française, dans sa maison de campagne, nous partîmes sur une jonque remontant le

Drawn by T. Allom. Sketched on the spot by Captn Stoddart R.N. Engraved by W. Le Petit.

Ancient Tombs near Amoy.

Tigre, deux heures durant, entre des rives assez vertes, mais plates et sans perspectives; puis, donnant dans un étroit canal, nous longeâmes un village assez misérable, dont les maisons bâties sur de grands bambous plantés dans le canal même, ressemblent plutôt à des nids d'hirondelles qu'à des habitations humaines. Peu après, notre bâteau s'arrêtait devant un grand escalier dont les dernières marches viennent se perdre dans l'eau. Nous étions dans le jardin de Pantze-Ching. Qui n'a pas vu sur des paravens ou sur des grands papiers qui servent de tenture dans les hôtels, ces paysages chinois représentant des maisons à toit pointé; des ponts en forme de dos d'âne, surmontés de petits pavillons terminés en pyramide? Eh bien! c'est là l'exacte peinture d'une maison de campagne chinoise. Celle-ci couvre entièrement un petit îlot entouré d'un vaste étang, à la superficie duquel surnagent de larges feuilles de nénuphar, et qui est entrecoupé de digues longues et étroites transformées en parterres de fleurs. De la maison à ces digues part un réseau de ponts, les uns à doubles arcades, les autres simples; les uns entièrement découverts, les autres en galeries, avec de petits kiosques, de petits temples, de charmants réduits cà et là. Rien n'est plus bizarre. La maison d'habitation est divisée en deux par un canal, et l'on communique de l'une à l'autre par des ponts suspendus. Tout à l'entour règnent de vastes galeries sur lesquelles donnent les salons qui eux-mêmes sont divisés en petits compartimens tous garnis de divans.

Nous avons eu dans la soirée *Sin tong*, c'est-à-dire théâtre. La salle de spectacle avait été disposée dans un immense salon divisé en deux parties. Les murs de la partie réservée aux spectateurs avaient été recouverts de fleurs naturelles qui formaient une tapisserie avec des dessins variés entremêlés de caractères chinois. Je n'ai jamais rien vu d'aussi artistement fait: La scène était séparée de nous par deux rideaux qui n'étaient autre chose que des fleurs de jasmin enfilées, formant un filet plus léger qu'une toile d'araignée. Il nous a été assez difficile de suivre l'intrigue des pièces qui ont été jouées devant nous. Cependant, elles n'ont pas été sans intérêt, vu la variété des costumes appartenant aux diverses provinces de l'empire qu'on a fait paraître devant nous.

"Les femmes ne paraissent jamais sur le théâtre. Ce sont les hommes qui en ont les rôles, et quelques-uns s'en tirent assez bien pour que l'illusion soit complète. Le dialogue est presque continuellement chanté sur une mélodie assez monotone avec accompagnement de gong, de tamtam, d'instrumens à cordes et à vent, qui font une musique vraiment diabolique. Les danses sont presque insignifiantes, mais le spectacle s'est terminé par des jeux guerriers entremêlés de tours de force et de sauts périlleux dans lesquels les Chinois sont fort adroits.

"Ce qui nous a le plus frappés dans cette fête, c'est lorsqu'à la nuit le palais et les galeries, les ponts et les kiosques furent entièrement illuminés avec des guirlandes de verres. Toutes ces lumières dessinant les formes bizarres des édifices, se réflétant dans le lac et se jouant entre les feuilles de nénuphar comme au milieu d'autant de vases de porphyre et d'émeraude; les eaux changées en une nappe chatoyante et tigrée offraient un spectacle magique. C'était la réalisation d'un conte des *mille et une nuits*. À dix heures du soir on nous servit un repas homérique. Je me promettais un grand plaisir de faire un dîner à la chinoise, mais j'ai été déçu. Tout était servi à la française, sauf une soupe aux nids d'hirondelles que j'ai trouvée exquise

NAN-KING VU DE LA TOUR DE PORCELAINE
PONT DE NAN-KING.

Si l'on en croit les anciens Chinois, cette ville était la plus belle qui fût au monde. Il est certain qu'elle est la plus grande de toutes les villes de la Chine. Le pourtour de ses murailles est évalué à cinquante-sept lys, ce qui revient environ à cinq lieues et demie françaises. Elle n'est éloignée que d'une lieue du Yan-tse-kiang, mais les barques s'y rendent par plusieurs canaux qui du fleuve aboutissent à la ville, et sur lesquels voguent une foule innombrable de barques aux formes pittoresques et de toutes grandeurs. La ville est irrégulière, à cause des montagnes qui sont dans le voisinage et de la nature du terrein qui présente mille accidents. Elle était autrefois .a ville impériale, et c'est ce qui lui a fait donner le nom de Nan-king, ce qui veut dire, cour du sud, de même que Péking signifie cour du nord. Mais depuis que les six grands tribunaux qu'elle possédait en commun avec Péking, ont été réunis dans cette dernière ville, elle a reçu le nom de Kiang-nin. On lui laisse fréquemment dans la conversation son ancien nom, mais il est exclus des actes publics.

Cette ville est la capitale du Kiang-nan, l'une des plus fertiles, de plus marchandes et des plus riches provinces de l'empire. Le Kiang-nan compte quatorze villes du premier ordre parmi lesquelles est Nan-king, et quatre-vingt-treize du second et du troisième ordre. Chacune de ces villes et très-peuplée, et très-renommée pour le commerce. C'est l'abord de toutes les grandes barques, car le pays est rempli de lacs, de rivières et de canaux artificiels et naturels, lesquels communiquent avec le grand fleuve Yang-tse-kiang qui traverse la province. Les étoffes de soie, les ouvrages de vernis, l'encre, le papier et généralement tous les objets qui viennent, tant de Nan-king que des autres villes de la province, sont très-estimés pour la fabrication et très-recherchés des consommateurs. Dans la seule ville de Chang-hai et les bourgs qui en dépendent, on compte plus de deux cent mille tisserands de toile de coton. En plusieurs endroits, il y a sur les bords de la mer quantité de salines, et le sel qu'on en tire, se distribue dans presque toutes les autres provinces de l'empire. Disons pour donner une idée de la richesse de cette province, qu'elle verse chaque année dans les coffres de l'empereur environ trente-deux millions de taels,* non compris les droits qui sont perçus sur tout ce qui entre dans la province et ce qui en sort.

C'est au milieu de cette province que s'élève Nan-king. On dirait d'une reine entourée d'une cour brillante. Toutefois cette ville est bien déchue de son ancienne splendeur; elle avait autrefois un palais magnifique, dont il ne reste plus aucun vestige; un observatoire qui est maintenant abandonné, et presque détruit; des temples, des sépulcres d'empereurs et d'autres monumens superbes, dont il ne reste qu'un triste souvenir. Les premiers Tartares qui firent irruption dans l'empire, ont démoli

* La valeur d'un tael repond à 8f. 50c. de notre monnaie.

Drawn by T. Allom — Sketched on the spot by Capt. Stoddart, R. N — Engraved by E. Radclyffe.

Nanking, from the Porcelain Tower.

les temples et le palais impérial, détruit les sépulcres, et ravagé presque tous les autres monumens, pour assouvir leur avarice, et leur haine envers la dynastie régnante. Il y a environ le tiers de son terrain qui est tout à fait désert.

En revanche, toutes les autres parties de la ville sont occupées par une nombreuse population. On y voit des quartiers si marchands et si peuplés, qu'on a peine à croire qu'il y ait plus de fracas ailleurs ; il est vrai que ses rues sont beaucoup moins larges que celles de Péking. Toutefois, elles sont assez belles, bien pavées, et bordées de boutiques propres et richement fournies. Qui n'a point entendu parler de la fameuse tour de porcelaine ? Elle a huit faces, chacune de quinze pieds ; elle est haute de vingt toises chinoises, c'est-à-dire, de deux cents pieds, et divisée en neuf étages par de simples planchers en dedans, et en dehors par des corniches à la naissance des voûtes que soutiennent de petits toits couverts de tuiles de couleur verte vernissées.

"Il y a," dit le Père Lecomte, "hors la ville, et non dans l'intérieur comme l'ont affirmé quelques écrivains, un temple que les Chinois nomment le Temple de la reconnaissance, bâti par l'empereur Yong-lo. Il est élevé sur un massif de briques, qui forme un grand perron, entouré d'une balustrade de marbre brut ; on y monte par un escalier de dix à douze marches, qui règne tout le long. La salle qui sert de temple, a cent pieds de profondeur, et porte sur une petite base de marbre, haute d'un pied, laquelle en débordant laisse tout autour une banquette large de deux. La façade est ornée d'une galerie et de quelques piliers. Les toits (car selon la coutume chinoise, souvent il y en a deux, l'un qui naît de la muraille, l'autre qui la couvre) les toits, dis-je, sont de tuiles vertes, luisantes et vernissées. La charpente qui paraît en dedans est peinte et chargée d'une infinité de pièces différemment engagées les unes dans les autres, ce qui n'est pas un petit ornement pour les Chinois. Il est vrai que cette forêt de poûtres, de tirans, de pignons, de solives qui régnent de toutes parts a je ne sais quoi de singulier et de surprenant, parce qu'on conçoit qu'il y a dans ces sortes d'ouvrages du travail et de la dépense, quoiqu'au fond, cet embarras ne vienne que de l'ignorance des ouvriers, qui n'ont encore pu trouver cette belle simplicité, qu'on remarque dans nos bâtimens et qui en fait la solidité et la beauté.

"Ce bâtiment est communément appelé, la grande tour ou la tour de porcelaine. La salle principale reçoit le jour par ses portes ; il y en a trois à l'Orient extrêmement grandes. La tour de porcelaine est octogone ; sa largeur est d'environ 40 pieds. Elle est entourée à l'extérieur d'un mur de forme également octogone, éloigné du bâtiment principal de deux toises et demie, et portant à une médiocre hauteur un toit couvert de tuiles vernissées, qui paraît naître du corps de la tour, et qui forme au-dessous une galerie assez propre. La tour a neuf étages ; chacun d'eux est orné d'une corniche de trois pieds à la naissance des fenêtres, et distingué par des toits semblables à celui de la galerie ; à cela près qu'ils ont beaucoup moins de saillie, parce qu'ils ne sont pas soutenus d'un second mur ; ils deviennent même beaucoup plus petits, à mesure que la tour s'élève et se rétrécit. Le mur dans sa partie inférieure a environ douze pieds, d'épaisseur, et huit pieds et demi dans sa partie supérieure. Il est incrusté de porcelaines posées de champ ; la pluie et la poussière en ont diminué la beauté, cependant il en reste encore assez pour faire juger que c'est en effet de la porcelaine ; car il y a apparence que la brique depuis trois cents ans que cet ouvrage dure, n'aurait pas conservé le même éclat.

L'escalier qu'on a pratiqué en dedans est petit et incommode parce que les degrés en sont extrêmement hauts. Chaque étage est formé par de grosses poutres mises en travers, qui portent un plancher, et qui forment une chambre dont le lambris est enrichi de diverses peintures, si néanmoins les peintures de la Chine sont capables d'enrichir un appartement. Les murailles des étages supérieurs sont percées d'une infinité de petites niches, qu'on a remplies d'idoles en bas-reliefs, ce qui fait une espèce de marquetage très-propre. Tout l'ouvrage est doré, et paraît de marbre ou de pierre ciselée ; mais je crois que ce n'est en effet qu'une brique moulée et posée de champ : car les Chinois ont une adresse merveilleuse pour imprimer toute sorte d'ornemens dans leurs briques, dont la terre extrêmement fine et bien sassée, est plus propre que la nôtre à prendre les figures du moule.

Le premier étage est le plus élevé, et les autres sont séparés par des intervalles égaux. On compte cent quatre-vingt-dix marches, ayant chacune dix pouces de hauteur ; ce qui fait cent cinquante pieds, en joignant à cette hauteur, celle du massif, celle du neuvième étage qui n'a point de degrés et le couronnement, on trouve que la tour est élevée sur le rez-de-chaussée de plus de deux cents pieds.

" Le comble n'est pas une des moindres beautés de cette tour ; c'est un mât qui prend au plancher du huitième étage, et qui s'élève à plus de trente pieds en dehors. Il paraît engagé dans une large bande de fer de la même hauteur, tournée en volute, éloignée de plusieurs pieds de l'arbre, et formant en l'air une espèce de corne vuide et percé à jour, sur la pointe duquel on a posé un globe doré d'une grosseur extraordinaire."

Voilà ce que les Chinois appellent la tour de porcelaine et ce que quelques Européens nommeraient peut-être la tour de brique. Quoiqu'il en soit de sa matière, c'est assurément l'ouvrage le mieux entendu, le plus solide et le plus magnifique du genre qui soit dans le céleste empire. Ces tours sont nommées par les Chinois Ta ; elles sont si communes que dans plusieurs provinces, on en voit presque dans toutes les villes, et même dans les gros bourgs. La tour de porcelaine est du reste le seul édifice remarquable, parmi les monumens publics, de la ville de Nan-king ; il faut pourtant en excepter ses portes qui sont d'une grande beauté.

Ce qui rend encore cette ville célèbre, c'est le soin particulier qu'elle prend de cultiver les sciences. Elle seule fournit plus de docteurs et de grands mandarins que plusieurs villes ensemble. Les bibliothèques y sont plus nombreuses ; les boutiques des libraires beaucoup mieux fournies, l'impression plus belle, le papier qui s'y débite, est le meilleur de tout l'empire. Les arts y ont aussi de nombreux et d'illustres représentants. On ne peut rien voir de plus artistement fait que les fleurs artificielles que l'on fabrique avec la moëlle d'un arbrisseau nommé Toug-tsao. Un grand nombre d'ouvriers travaillent à faire des fleurs, et la profession, devenue lucrative par les demandes, s'est répandue dans un grand nombre de villes de la Chine. L'encre qu'on appelle encre

Drawn by T. Allom. | Engraved by J. B. Allen

The Bridge of Nanking.

de Nan-king, ou encre de Chine, vient d'un endroit nommé *Hoei-tcheou* de la même province. Cette encre, sous les doigts de l'ouvrier prend toutes sortes de figures; on lui donne la forme de livres, de bambou, de lions, de bâtons ornés de fleurs vertes, bleues ou dorées.

Nan-king possédait autrefois un port admirable à cause de sa largeur et de sa profondeur; mais les eaux du Yang-tse-kiang, s'étant retirées, le port n'est plus visité que par des barques d'un petit tirant d'eau. Un pont d'une élégante architecture est jeté sur le canal; au mois d'Avril et de Mai, il se fait dans le fleuve, près de la ville une grande pêche d'excellens poissons; on en envoie pendant tout ce temps là à la cour, en ayant soin de le couvrir de glace pour lui conserver sa fraîcheur. Il y a des barques uniquement destinées à cet usage; quoiqu'il y ait plus de deux cents lieues françaises jusqu'à Péking, ces barques font tant de diligence, qu'elles y arrivent en huit ou dix jours; elles marchent jour et nuit; sur toute la route il y a des relais pour les tirer continuellement, tant que dure la pêche, deux barques partent deux fois la semaine chargées de ces poissons.

GRAND TEMPLE DE PAOLO,

ÎLES DE CHUSAN.

Les cartes de l'archipel de Chusan ne suffisent point encore aujourd'hui aux plus habiles marins pour leur faire éviter les îles et les rocs qui se trouvent dans cette partie de la mer jaune. Beaucoup de rochers sousmarins, et de bancs de sable qui sont encore ignorés des navigateurs européens embarrassent cet archipel. Ainsi dans un espace d'environ huit cents lieues carrées seulement, la surface de la mer se trouve semée de près de quatre cents îles. Dans quelques-uns des canaux formés par ces nombreuses îles, les courants ont une étonnante rapidité, et ressemblent à des torrents impétueux grossis par des pluies, plutôt qu'à des bras du grand océan. Ces étroits passages sont en outre si profonds qu'en y jetant la sonde, on n'en trouve pas le fond avec une ligne de cent vingt brasses. Cependant une vase jaune s'élève des profondeurs de la mer en si grande quantité, qu'on dirait les eaux du Nil, charriant du limon dans le moment de ses plus grandes inondations. Là aussi comme aux abords des rochers de Scylla et du gouffre de Charybde, célèbres objets de terreur pour les anciens navigateurs,

La mer en s'élançant de ses grottes profondes,
Frappe ses bords; le roc retentit, et les ondes
Bondissent, troublent l'air, écument en grondant,
Ainsi que l'eau qui bout sur un brâsier ardent.

Mais si les abords de ces îles sont difficiles, l'amateur de la belle nature est amplement dédommagé des craintes qu'il a pu avoir pour sa vie par l'aspect enchanteur que lui offrent la plupart d'entre elles. L'air y est pur, et toujours serein; et la terre, rafraîchie par une foule de petites rivières qui descendent des montagnes est d'une grande fertilité. La terre y porte abondamment du blé, du riz, etc.; on y trouve en grande quantité les meilleurs fruits des tropiques; tels sont les oranges, les bananes, les ananas, les gouiaves, les papayas, les cocos. On y trouve aussi les fruits les plus recherchés par les gourmands d'Europe; la pêche, l'abricot, la figue, le raisin, la châtaigne, la grenade, et cette sorte de melon qui est appelé melon d'eau; la chair en est blanche ou rouge, et pleine d'une eau fraîche et sucrée qui est fort au goût des Chinois. Le tabac et le sucre y viennent parfaitement bien, et lorsque le riz commence à croître on dirait de la campagne un vaste jardin, cultivé par les mains de quelques bienfesantes fées.

Le jardinier chinois serait en général un homme remarquable dans sa profession en quelqu'endroit de la terre qu'il se trouvât; mais quelque grand que soit son mérite, il ne saurait l'emporter sur le jardinier des îles de Chusan, dans certaines îles de l'archipel. Un sol d'une fertilité extraordinaire ne sera point pour celui-ci une cause pour laquelle il ralentira son travail; nul ne sait mieux que lui donner de la précocité aux végétaux par le moyen d'une chaleur artificielle, ou en excluant l'air froid, et en faisant en même temps passer les rayons du soleil à travers des verres? nul ne sait mieux préparer le sol en le travaillant sans cesse, en n'y laissant jamais croître de mauvaises herbes. Qu'on lui donne un terrain que lui et sa famille puissent cultiver avec la houe, et il le fécondera par son travail de manière à lui faire produire une récolte deux fois plus considérable que ne saurait le faire dans les mêmes conditions un jardinier européen. Nul ne sait mieux que lui multiplier les arbres fruitiers en enlevant d'une branche qui porte du fruit, un cercle d'écorce d'environ un pouce de large, et en couvrant cet endroit avec une boule de terre grasse ou de terreau qu'il enveloppera d'un morceau de natte. Au-dessus il suspendra une corne ou un pot légèrement troué dans le fond, et plein d'eau, pour que cette eau tombant goutte à goutte, tienne constamment la terre humide, et que la branche pousse des racines dans la terre grasse, précisément au-dessus de la place ou l'écoree a été enlevée. Cette opération se fait au printemps, et la branche est sciée et mise dans la terre à la chûte des feuilles; l'année suivante elle porte du fruit.

Mais si l'insulaire de l'archipel de Chusan est renommé pour son industrie, on lui reconnaît en général un autre trait distinctif qui n'est point à son avantage. Il trompe, sans que sa conscience paraîsse beaucoup en souffrir, les personnes et surtout les étrangers avec lesquels il se trouve en rapport. Le capitaine d'un navire anglais ayant fait entrevoir à un de ces hommes qu'il avait de la méfiance en lui, cet homme parut très-offensé des soupçons dont il était l'objet, et dit qu'il prouverait suffisamment qu'ils étaient injustes. Aussitôt il alla quérir un coq, et se mettant à genoux, il lui tordit le cou; puis, il éleva ses mains vers le ciel, et prononça ces mots: "Si j'agis autrement que je n'ai promis, puisses-tu, *ô Tien*, me traîter comme je viens de traîter ce coq."

L'insulaire de Chusan ressemble ici au Lazzaroni qui fait des vœux à la madone en même temps que, caché derrière un rocher, il ajuste avec son escopette le voyageur qu'il

Drawn by T. Allom. Sketched on the spot by Capt.ⁿ Stoddart R.N. Engraved by R. Sa

The Grand Temple at Poo-too, Chusan Island.

attend pour le dévaliser. Dans ces circonstances et dans d'autres, c est généralement *Tien* qu'il invoque, TIEN est le seigneur ou le souverain principe de toutes choses; il l'honore aussi sous le nom de Chang-ti c'est-à-dire, suprême empereur. *Tien*, disent les interprètes, c'est l'esprit qui préside au ciel, parce que le ciel est le plus excellent ouvrage produit par ce premier principe; il se prend aussi pour le ciel matériel. Les chinois disent que le Père est le *Tien* de la famille, le viceroi le *Tien* de la province, et l'empereur le *Tien* du royaume; et ils ont établi en principe que ceux qui commandent doivent imiter la conduite du Tien, en traitant leurs inférieurs comme leurs enfants, et que ceux qui obéissent doivent regarder leurs supérieurs comme leurs pères.

C'est à ce maître suprême que les Chinois adressent des vœux pour obtenir de la pluie dans une longue sécheresse, ou la guérison d'un empereur qui a su conquérir l'affection de ses sujets, et dont les jours sont en danger. Les vœux ne sont-ils pas exaucés? on reconnaît à ce signe non un pur effet du hasard, mais une punition visible du ciel! Cette persuasion est si commune que plusieurs princes ont rapporté à ce souverain maître le succès de leur gouvernement. Ainsi l'empereur *Siuen-vang* avait coutume de dire aux grands de sa cour que tous les sages ministres qui ont été si utiles à l'état, depuis le commencement de la monarchie, étaient autant de dons précieux accordés par Tien en vue de la vertu des princes et des besoins des peuples.

Les îles de Chusan sont encore renommées pour le grand temple de Pao-loo; vaste édifice dans lequel se réunit en tout temps un grand concours de fidèles pour consulter le sort: sur l'autel on voit une coupe de bois remplie de petits bâtons, à l'extrémité desquelles il y a certains caractères. Celui qui consulte le sort doit prendre la coupe dans ses mains et la remuer jusqu'à ce qu'il en sorte un des bâtons, et qu'il tombe à terre. Après avoir examiné le caractère qu'il porte, il cherche ce même caractère dans un livre appendu aux murailles du temple. Le sort est consulté de cette manière à plusieurs reprises; si en trois fois, il sort de la coupe un bâton heureux, on le regarde comme un augure favorable; et si l'événement répond à l'espérance qu'a donné droit de concevoir le livre du destin, celui qui l'a consulté, se croit obligé de retourner au temple, et de brûler une feuille ou deux de papier peint, ou de papier couvert d'une légère feuille d'étain, et de déposer sur l'autel quelques petites pièces de monnaie de cuivre pour marquer sa reconnaissance de la faveur qu'il a reçue.

L'empereur Kia-king, ayant consulté le sort de cette manière, et satisfait de ce que ses prières avaient été exaucées, en témoigna sa reconnaissance, en accordant par un édit, public, un titre de plus au temple dans lequel elles avaient été faites.

ÉDIT IMPÉRIAL.

Le temple gracieux et protecteur du roi des dragons, sur la montagne de Yu-chun, nous a été favorable dans les temps de sécheresse, toutes les fois que nous y avons fait des prières pour avoir de la pluie, ainsi que cela est dûment noté dans nos registres sacrés. Depuis le solstice d'été de la présente année, un grand besoin de pluie se faisait sentir; ce qui nous engagea, le 17 de cette lune, à aller faire en personne, nos prières et nos sacrifices dans ledit temple ; le même jour il tomba une petite pluie ou rosée, et le lendemain le pays fut rafraîchi par de fréquentes et d'abondantes ondées. Cette nouvelle preuve de l'efficacité de nos prières dans ce temple, augmente notre vénération, et pour la témoigner d'une manière éclatante, nous voulons que le temple de la divinité propice reçoive un titre additionnel, et soit appelé désormais :

Le temple du Roi des Dragons gracieux et protégeant, est efficace et conservant.

Que 'on obéisse à nos volontés !

MAISON-JOSSE À CHAPOO.

On appelle ainsi en Chinois un édifice destiné au culte. Les temples ont en général des proportions grandioses; les maisons-josses en sont pour ainsi dire les succursales. Les premiers sont ordinairement pourvus de pagodes; les josses n'en ont point. On donne le nom de pagode à un bâtiment où l'on peut se retirer pendant le jour; mais quelque bon accueil qu'on y fasse, il n'est pas toujours bon d'y passer la nuit. Il n'y a que les mandarins qui soient privilégiés : les bonzes les servent avec beaucoup d'affection ; ils les reçoivent au son de leurs instruments, et leur cèdent leurs appartements ; ils y placent le bagage et logent même les domestiques et les portefaix. On voit que les ministres du culte en Chine en usent fort librement avec leurs dieux. En été des personnes charitables placent dans ces établissemens des personnes à leurs gages qui donnent gratuitement du thé aux pauvres voyageurs; pendant la saison d'hiver ces serviteurs, fournissent au lieu du thé de l'eau dans laquelle l'on a fait infuser du gingembre. Tout ce qu'on demande à celui qui reçoit, c'est de ne point oublier dans ses prières le nom du donateur.

Les josses sont particulièrement consacrés à la mère du ciel, au Dieu du feu, à l'étoile du diable, aux quatre vierges, au roi des Dragons, aux vents, à la vieillesse, et à une foule d'autres divinités qu'il serait ennuyeux de nommer ici, et dont la principale mission est de protéger le voyageur et de le conduire sain et sauf au lieu de sa destination. Le josse de Chapoo fut transformé en une place de défense par les Chinois à l'époque de leurs démêlés avec l'Angleterre, et ce lieu, grâce à sa situation avantageuse, devint le théâtre d'une opiniâtre résistance. Le colonel Tomlinson, l'un des meilleurs officiers de l'armée anglaise, y perdit la vie. Les troupes tartares étaient de leur côté commandées par un des plus braves officiers de l'armée chinoise.

On se rappelle que lorsque la première portion de l'armée destinée à agir contre les forces chinoises arriva de Macao (21 Juin, 1841), les autorités chinoises publièrent un tarif des récompenses promises à quiconque réussirait à prendre ou à détruire des vaisseaux appartenant à l'Angleterre ; ce document est curieux parce qu'il est le

Drawn by T. Allom. Sketched on the spot by Capt. Stoddart, R.N. Engraved by T. A. Prior.

Joss House, Chapoo.

Death of Col. Tomlinson.

Drawn by T. Allom. Sketched on the spot by Capt. Stoddart, R.N. Engraved by J. M. Starl

West Gate of Ching-Keang-Foo.

Porte de l'ouest de Ching-Keang-Foo. Westliches Thor von Ching-Keang-Foo.

premier de cette nature que l'on ait vu jamais émané de ce bizarre gouvernement, et nous en donnerons un extrait. Le gouvernement chinois promettait :

"—pour la capture d'un vaisseau de 80 canons la somme de vingt mille dollars ; pour des bâtiments de moindre grandeur, la récompense diminuait de cent dollars par pièce de canon au-dessous des 80. La destruction totale, disait le document, soit par le feu, soit de toute autre manière, d'un navire de guerre, sera payée dix mille dollars. La prise d'un navire marchand vaudra à ceux qui s'en seront rendus maîtres, tout son chargement, soit argent, soit marchandises, à l'exception des fusils, de l'artillerie et de l'opium ; on y ajoutera la somme de dix mille dollars si le navire est un trois mâts, de cinq mille dollars s'il n'en a que deux et demi (ceci désignait sans doute les bâteaux à vapeur,) et de trois mille dollars seulement pour les navires à deux mâts. Une grande chaloupe vaudra à celui qui s'en emparera une récompense de trois cents dollars; une chaloupe plus petite n'en rapportera que cent, et la destruction totale de ces mêmes prises se payera seulement le tiers de chacune de ces sommes. Quiconque réussira à prendre vivant un officier des barbares, recevra cinq mille dollars, si cet officier est commandant en chef. Cinq cents dollars de moins pour le grade inférieur, et ainsi de suite ; le meurtre de ces mêmes officiers se payera seulement le tiers de la somme promise. Un soldat ou marin barbare vivant, c'est-à-dire Anglais ou Parsis de l'Inde, se payera cent dollars ; le même soldat ou marin, mort, ne rapportera à son vainqueur que vingt dollars ; la récompense sera la même pour ceux qui se saisiront des *lutins noirs* (c'est-à-dire les *cipayes* et les *lascars*). La mort d'un Chinois qui fournira des vivres aux barbares se payera cent dollars; celle des indigènes dont la faute sera moindre se payera un peu moins; dans cette catégorie se trouvaient les *compradores* ou agents chinois au service des Anglais, qui, après avoir quitté leurs maîtres pour obéir au décret du gouvernement, les avaient rejoints plus tard."

Telles étaient les récompenses proposées ; ce tarif présente d'abord à l'esprit de ceux qui le lisent une image sombre et alarmante, mais les Anglais connaissaient parfaitement les hommes et les choses, aussi ne furent ils point effrayés de ce luxe de menaces et un succès complet, comme chacun le sait, couronna leur enterprise.

PORTE DE L'OUEST DE CHING-KEANG-FOO.

Ching-keang-foo est une ville très-importante qui est assise sur l'une des rives du Yang-tse-kiang. Elle est considérée comme étant la clé des provinces méridionales de l'empire, et le port qui fournit à Nan-king les approvisionnemens et les denrées nécessaires à la consommation de sa population. Les efforts des Anglais se tournèrent vers ce lieu dont ils connaissaient l'importance. La ville est défendue par des murs de trente pieds de hauteur, et de cinq pieds d'épaisseur; sa population était aguerrie, très-nombreuse et renommée pour son activité. À l'époque dont nous parlons, la ville renfermait en outre une garnison tartare, l'élite des braves de l'armée chinoise. L'attaque ayant été résolue, les régiments qui faisaient partie de l'expédition, remontèrent le canal, et ils effectuèrent leur débarquement auprès d'un très-beau pont qui n'est composé que d'une seule arche. L'assaut commença; mais la résistance fut plus opiniâtre qu'on ne s'y était attendu; elle jeta la confusion dans les rangs des assaillants, et les chaloupes de la frégate La Blonde qui avaient été employées à transporter les troupes tombèrent au pouvoir de l'ennemi. Toutefois la décomfiture ne fut que temporaire. Les Anglais revinrent à la charge sous la conduite du capitaine Richardson, et tentèrent l'escalade au moyen d'échelles, tandis que l'artillerie faisait un feu bien nourri sur les portes qui furent enfoncées. Alors il fallut bien se rendre.

Ching-keang-foo a quatre milles de circonférence, et sous ce rapport, elle n'est qu'une ville de second ordre parmi les autres villes de la province de Kiang-nan dans laquelle elle est située. Mais à cause de sa situation géographique, qui en fait le centre d'un grand commerce, elle est considérée comme une ville très-importante. Les rues sont étroites, pavées en marbre; les boutiques y sont nombreuses et bien fournies; la corne avec laquelle on fabrique les lanternes est un des principaux articles du commerce de la ville; les faubourgs sont habités par une population nombreuse et ils égalent en étendue la ville elle-même.

Nous avons vu dans l'article précédent, à l'aide de quels moyens les Chinois espéraient effrayer leurs adversaires. Mais ce n'est pas seulement en prenant le ton de la menace que le gouvernement chinois cherchait à se donner une apparence formidable : laissons parler à cet egard le capitaine Elliot Bingham, l'un des officiers de l'expédition.

La frégate Le *Conway* venait de reconnaître les diverses embouchures du fleuve le Tah-kiang, et son capitaine après de laborieux sondages, avait réussi à découvrir un passage par lequel des vaisseaux de ligne pouvent franchir les sables qui en défendent l'entrée. La Conway avait remonté le fleuve jusqu'à une distance de soixante milles et sa présence avait produit une vive sensation; de toutes parts on voyait les populations accourir, et élever dans les lieux ou le débarquement pourrit s'effectuer des fortifications. Mais en examinant à l'aide de lunettes ces fortifications en apparence si formidables, on reconnut qu'elles consistaient en toiles et en nattes étendues sur des perches, que ces pauvres paysans avaient peintes de manière à représenter des bastions et des forts. Une simple inspection des objets suffit pour faire reconnaître la tromperie. Un stratagème du même genre avait été précédemment employé à Canton, à l'époque ou le commodore Napier était en conférence avec les autorités chinoises. Un beau matin, les Européens résidant dans cette ville virent avec effroi la côté hérissée de canons. Mais en examinant avec des lunettes ce formidable déploiement d'artillerie, ils ne tardèrent pas à reconnaître que les canons n'étaient autre chose que des cruches en terre cuite, avec le goulot tourné vers la rivière.

Voici un autre épisode de l'expédition anglaise ; il est extrait de la *Revue britannique*. On y voit que la peur n'empêcha pas toujours les vaincus de tirer, comme on dit, leur épingle du jeu. La scène se passe à Ting-hai :

« La première fois que nos troupes entrèrent dans la ville de Ting-hai, à peine rencontrèrent-elles dans les rues une créature vivante. Des milliers de personnes avaient, il est vrai, quitté la ville ; mais un assez grand nombre de familles étaient restées dans leurs maisons. Quand ces habitants se furent convaincus que les soldats anglais étaient paisibles et disciplinés, ils commencèrent à sortir de leur retraite, et à circuler dans les rues ; puis la populace organisa bientôt un système régulier de pillage, et les objets, enlevés aux maisons que leurs propriétaires avaient abandonnées, prirent, jour et nuit, le chemin des portes de la ville. Les autorités chinoises demandèrent alors au commandant anglais de mettre un frein à ce brigandage, en donnant des ordres pour qu'on ne laissât rien passer aux portes ; mais cette demande fut d'abord refusée, sous le prétexte que les absents n'avaient qu'à rentrer dans la ville et veiller eux-mêmes sur leurs propriétés ; de sorte que les pillards purent poursuivre en sécurité leur système de maraude, et continuer à faire disparaître sous leurs doigts agiles les incommodes limites du *Tien* et du *Mien*. Pas une boutique n'était ouverte, et si l'on n'y avait pas mis ordre, la ville entière se serait vidée de cette manière. A la fin, cependant, l'ordre formel fut donné d'arrêter aux portes les voleurs, et de veiller à ce qu'ils ne pussent escalader les murailles. Mais le remède devint, dans plus d'un cas, pire que le mal : les honnêtes gens furent arrêtés avec les fripons ; comment discerner les uns des autres ? Des marchandises de toute espèce remplirent bientôt la salle du corps de garde ; les bureaux du commandant furent assiégés par une foule de solliciteurs qui redemandaient leur bien, et qui, dès l'instant où l'on faisait droit à leur requête se servaient libéralement de tout ce qui était à leur convenance, sans s'inquiéter le moins du monde s'ils y avaient droit ou non, de sorte que bien rarement un objet volé retournait à son véritable propriétaire. La défense de laisser passer, cependant, n'avait pas dû s'étendre aux cercueils des morts, et les convois de cette nature continuèrent à sortir de la ville sans difficulté, jusqu'à ce que, leur nombre croissant de jour en jour, la curiosité des sentinelles anglaises fut éveillée par une mortalité si considérable ; elles prirent fantaisie d'ouvrir un de ces prétendus cercueils, qu'elles trouvèrent jusqu'aux bords rempli de pièces de soie, de crêpes et d'autres marchandises. Ce stratagème découvert, une foule d'autres furent enfantés par les imaginations rusées de nos Chinois. Quelques individus perdirent la vie en s'efforçant de passer malgré les sentinelles ; un vieillard coula à fond, empêché qu'il était par son butin de traverser le canal à la nage ; plusieurs déprédateurs reçurent la punition de leurs méfaits de la main même de ceux qu'ils voulaient dépouiller. L'un d'eux, entr'autres, fut trouvé par nos gens lié à un poteau au milieu de la place du marché, et lié d'une façon si serrée que ses yeux semblaient sur le point de sortir de leur orbite, et que le sang jaillissait de ses bras et de ses mains. Un autre de ces misérables, traité avec la même inhumanité par un *lettré gradué* qui l'avait pris en flagrant délit, fut plus de deux heures avant de recouvrer l'usage de la parole. Le savant parut extrêmement surpris qu'on put lui adresser le moindre reproche sur sa conduite envers le voleur ; il n'avait fait qu'user de son droit, et ce que nous nommions cruauté, n'était à ses yeux qu'un acte de simple justice.

« Au commencement de notre séjour dans l'île de Tig-hai, nous éprouvâmes quelques embarras par suite du peu d'habitude qu'avaient les Chinois de l'argent monnayé. Leur moyen de circulation étant le *tchen*, des milliers et des miliers de cette monnaie de convention sortirent de la ville avant que nos soldats eussent le moindre soupçon de leur valeur. D'abord les habitants refusaient obstinément de recevoir notre argent en payement, à l'exception du *dollar Carolus* à colonnes ; et il se passa un temps considérable avant qu'on put les décider à prendre les dollars mexicains, même à un prix avantageux pour eux. Appelé moi-même à leur payer des bouvillons qu'ils nous avaient vendus, je les voyais examiner minutieusement nos dollars l'un après l'autre, et mettre à part, en rejetant les autres, ceux qui portaient l'effigie du roi Charles avec une pièce d'armure sur l'épaule. Un peu plus tard, quand ils se furent un peu familiarisés avec notre monnaie d'argent, je vis un Chinois refuser un souverain d'or pour se contenter en échange d'un de nos shellings ; en un mot, les idées sur la valeur de l'argent monnayé, idées qui nous sont si familières, étaient inconnues chez cette nation, et jamais une monnaie d'or n'avait été frappée en Chine. Du reste les Chinois sont si enclins à altérer la valeur de leurs moyens d'échange, qu'ils ne dédaignent pas de contrefaire le *tchen* même, bien qu'il ne vaille que la dixième partie d'un de nos pence.* Donnez-leur un dollar, ils en enlèvent avec une adresse merveillëuse une feuille extrêmement mince sur laquelle se trouve l'empreinte ; puis ils creusent l'intérieur jusqu'à ce qu'ils en aient fait une coque tout aussi légère que la feuille qu'ils ont enlevée ; alors ils remplissent cette coque de cuivre, puis ils soudent l'empreinte par-dessus, et cette opération s'exécute avec tant d'habileté qu'il est presqu'impossible à une personne dont l'œil n'est pas très-exercé, de découvrir la fraude. Toutes les maisons anglaises établies en Chine ont à leur service des *Shroffs*, c'est-à-dire des Chinois fort habiles à deviner les falsifications de ce genre, et qui, à la première inspection d'un dollar, reconnaissent s'il est faux ou vrai ; ces *Shroffs* étant responsables des conséquences de leur jugement, il en résulte que les marchands anglais ont rarement à supporter des pertes de ce côté là. »

« Je logeai chez un mandarin qui était un des plus beaux types d'homme que j'eusse encore vus en Chine ; il avait environ six pieds deux ou trois pouces anglais, et il paraissait fort en proportion. Il portait le bonnet d'hiver, dont la forme ou couronne était en satin puce, juste à la tête, avec un bord de vélours noir tournant élégamment tout autour, le devant et le derrière relevés un peu plus que les deux côtés ; par le fait il ressemblait assez aux bâteaux de papier dont on amuse les enfants ; au faîte de cette coiffure terminée en dômo, le mandarin portait un beau bouton de cristal, à six facettes, et monté avec élégance ; au-dessous de cet ornement pendait une plume de paon aux couleurs brillantes, qui descendait jusqu'au milieu du dos ; cette plume armée à sa base d'une émeraude d'environ deux pouces, avait elle-même dix pouces de longueur, et

* Equivalant à 10c. de notre monnaie.

étant composée de plusieurs plumes réunies, elle produisait, par ses vives nuances et ses ondulations gracieuses, l'effet le plus agréable. Le Ma-kwa, ou redingote, était d'un superbe camelot bleu ; ses larges manches descendaient jusqu'au milieu de l'avant bras ; les pans atteignaient juste aux hanches. Sous ce vêtement, le dandy chinois portait une veste de soie bleue, richement brodée, à manches très-larges aussi, mais assez longues pour couvrir le poignet, et dont les pans, beaucoup plus larges que ceux du Ma-kwa, étalaient aux regards la plus élégante broderie. Ces sortes d'habits larges croisent invariablement sur le côté droit de la poitrine, où ils s'attachent au moyen de ganses et de boutons. Les *inexprimables,* faits avec du crêpe de Nanking bleu clair broché de même couleur, avaient à peu près la coupe des hauts-de-chausses grecs modernes. Au-dessous du genou ils entraient dans les bottes de satin noir qui rappelaient, pour la forme, ces bottes du pays de Hesse, longtemps en usage parmi nous, et dont la semelle, épaisse de deux pouces était enduite sur les côtés d'un vernis blanc comme neige, en attendant l'introduction du cirage de Warren. La chaussure est peut-être la partie de la toilette à laquelle un *lion* chinois attache le plus d'importance, et nos *lions* ne s'occupent pas avec plus de minutie du nœud de leur cravate ou de la forme de leur gilet. Le costume du mandarin en question se complétait des accessoires sans lesquels un Chinois de qualité ne marche jamais, savoir : l'éventail enfermé dans une gaîne richement ciselée ; le sachet à tabac, brodé avec l'élégance la plus exquise, plusieurs espèces de cure-dents et de cure-oreilles, un gousset pour la montre, enfin, un beau ceinturon, auquel tous ces objets sont suspendus, et qui contient en outre un petit étui de maroquin pour le briquet et la pierre à feu. . .

" Mais je ne saurais oublier la queue de notre dandy, sa magnifique queue, l'orgueil d'un cœur chinois, et qui pouvait à bon droit dans ce cas-ci rendre glorieux celui qui la portait, si toutefois elle lui appartenait tout entière. J'aurais peur de paraître exagéré si j'en indiquais le diamètre ; mais quant à sa longueur, je puis dire qu'elle lui descendait jusqu'à mi-jambe, et qu'elle brillait d'un lustre qui défiait celui que donne la meilleure huile de Madagascar débitée par notre fameux Rowland !

Tel était ce modèle des dandys chinois, officier de cavalerie ; cherchons maintenant à donner une idée de la beauté des dames chinoises. En général les Chinoises ont la figure un peu trop large, quand on examine surtout la petitesse de leurs yeux, de leur bouche, et de leur nez. L'expression leur manque : cependant beaucoup d'entre elles ont un sourire charmant. Quant aux formes du corps, on regrette que les hanches n'aient pas toute l'expansion convenable et que la gorge ne soit pas ornée de ces globes sur lesquels les poëtes anacréontiques ont écrit des vers si doux. Leur costume dissimule merveilleusement ces défauts. Les Chinoises ont d'ailleurs le bras bien fait, très-gracieusement attaché à l'épaule, qui est un peu basse, et ce bras se termine par une main aux doigts effilés. On sait que les ongles sont d'une longueur qui pourrait nous paraître effrayante, et encore la Chinoise arme son ongle naturel d'un ongle artificie pour pincer de cette espèce de guitare chinoise appelée *Tsing*. Mais c'est du pied d'une Chinoise que l'on demande surtout des nouvelles à ceux qui reviennent de la Chine !

Le capitaine Bingham raconte de la manière suivante comment il décida une jolie Chinoise à lui permettre de voir de près son pied mignon.

« Pendant le temps que nous demeurâmes à l'ancre, nous fîmes de fréquentes excursions dans les îles du voisinage de Chusan : ce fut dans l'île nommée *l'île du thé*, que j'eus une excellente occasion d'examiner ce petit pied chinois tant de fois décrit. Je venais justement d'acheter dans une ferme une jolie paire de souliers de satin qui m'avait coûté un demi-dollar, et nous étions entourés d'hommes, de femmes et d'enfants. A force de signes, nous réussîmes à faire comprendre le désir que nous éprouvions de voir de près le *pied mignon* d'une jeune Chinoise qui se trouvait là ; mais il paraît que, cette femme étant mariée, on ne trouva pas séant qu'elle consentît à notre demande ; en conséquence elle refusa positivement ; alors une très-jolie fille de seize ans, de la figure la plus intéressante, se laissa persuader de nous accorder cette faveur, et s'assit sur un tabouret pour se déchausser. D'abord elle parut très-confuse, répugnant à exposer ainsi aux yeux sa pantoufle de cendrillon ; mais une pièce d'argent toute neuve que nous fîmes briller à ses yeux, surmonta sa délicatesse : elle commença à défaire le bandage supérieur qui s'enroule autour de la jambe et descend joindre une languette qui part du talon. Cela fait, elle ôta son soulier, puis elle déroula le second bandage, qui fait à peu près l'office d'un bas, et dont les tours sur les orteils et les chevilles sont assez serrés pour ne pas changer de place. En voyant le pied nu de la jeune fille, nous fûmes agréablement surpris de le trouver d'une blancheur et d'une propreté parfaites, ce que nous savions des habitudes chinoises nous ayant fait présumer tout le contraire. La jambe depuis le genou jusqu'à la cheville, était extrêmement déformée ; on eut dit que le cou-de-pied avait été désarticulé ; les quatre doigts du pied, repliés par-dessous et complètement aplatis, semblaient unis à la plante du pied, et le gros orteil seul avait conservé sa forme et sa place naturelles. L'espèce de cassure que l'on fait subir au cou-de-pied détermine un arc arrondi entre le salon et l'orteil, qui permet à l'individu de marcher sans trop de difficultés sur une surface plane. Cette circonstance établit une différence marquée entre le pied des femmes de ces îles et celui des dames de Canton ou de Macao : dans ces deux villes on n'altère point la forme primitive du cou-de-pied, d'où il résulte que pour remplacer l'arc dont je viens de parler, on est obligé d'ajouter à la chaussure un talon très-élevé qui se trouve de niveau avec le gros orteil et facilite la marche. Quand nous montrâmes plus tard à notre *compradore* de Canton un soulier de femme de l'île de Chusan, son exclamation fut : *He-yaw ! Comment elle pouvoir marcher ?* et malgré nos explications, nous ne réussîmes point à le convaincre. Dans le pied de la jeune fille que je décrivais tout-à-l'heure, les quatre orteils repliés avaient conservé tout juste assez de liberté pour qu'elle put les mouvoir légèrement en les prenant avec la main, et nous montrer qu'ils n'adhéraient point à la plante du pied. Je me suis souvent étonné de voir les femmes chinoises marcher aussi bien qu'elles marchent sur ce frêle piédestal ; leur allure me faisait souvenir de la démarche un peu mignarde des dames françaises ; je les voyais presque toujours s'aventurer le long des rues sans l'aide d'une canne, et plus d'une fois, pendant mon séjour à Macao, j'ai vu des femmes résister au souffle d'une forte brise en lui opposant un grand parasol ouvert, dont le poids me semblait devoir entraver beaucoup leurs mouvements. Les petites filles même avançaient assez vite en se tortillant le corps, et tenant les bras étendus comme une vieille poule qui voudrait prendre son vol, ou un danseur de corde qui cherche à se soutenir sans balancier. Du reste, les femmes que j'ai vues dans l'île de Chusan avaient naturellement de petits pieds: c'est là le trait caractéristique qui distingue la vraie race chinoise. L'opinion que les classes élevées de la société sont les seules où l'on comprime le pied des femmes dès leur enfance, est une opinion tout-à-fait fausse. Il est vrai de dire, cependant, que les classes riches attachent plus de prix à ce genre de distinction, et prennent des soins plus minutieux pour l'obtenir. Il en est de cela comme des autres avantages corporels dans tous les pays du monde: chacun y prétend; seulement ceux qui ont du temps et de l'argent les cultivent avec plus de succès que les autres. Mais je le répète, quelle que soit la classe de la société dont une femme chinoise fait partie, son pied est comprimé dès le bas âge; aussi, toutes les fois qu'on rencontre un pied de femme de grande dimension ou ayant sa forme naturelle, on peut être sûr que celle qui le porte n'est pas une chinoise pur sang, mais qu'elle appartient soit à quelque famille d'origine tartare, soit à quelqu'une des tribus qui passent leur vie entière sur les eaux. Cependant, il paraît que les dames tartares elles-mêmes se montrent disposées à adopter peu-à-peu l'usage de comprimer leurs pieds; c'est ce que prouve un édit impérial; car il est bon de savoir qu'en Chine on ne peut se vêtir à sa guise, mais bien comme l'ont décidé les ancêtres, et surtout comme le céleste empereur et son conseil des six l'ont résolu. Quelle déconfiture pour les tailleurs et les modistes, mais quelle économie pour nos bourses, s'il en était quelque jour ainsi dans le royaume uni de la Grande Bretagne ! . .

« Ecoutons maintenant ce que dit l'empereur au sujet des petits pieds et du progrès de cette mode barbare, parmi les filles bien conformées des anciens Mantchoux. Non-seulement le chef de l'empire attaque les petits pieds, mais il s'élève avec force contre les manches chinoises qui prenaient faveur à sa cour; et afin de mettre un terme à des maux aussi graves, il a recours au remède usité en pareil cas dans le céleste empire, savoir, à un édit fulminant qui, après avoir dénoncé les délits en termes suffisamment énergiques, menace *les chefs de famille de la dégradation et d'autres peines sévères, s'ils ne réussissent pas à arrêter le progrès de ces illégalités criantes;* puis, sa majesté impériale continue, et, s'adressant aux belles coupables, elle daigne les avertir *qu'en persistant dans des usages aussi vulgaires, elles se priveront immanquablement de la faveur d'être choisies comme dames d'honneur du palais à la prochaine présentation.* Jusqu'à quel point de semblables menaces ont-elles produit l'effet qu'on s'en promettait, c'est ce que je ne puis dire. Quand les jeunes filles commencent à grandir, elles souffrent cruellement du traitement auquel elles sont soumises; plus tard on agit sur elles au moyen de la vanité, et on leur fait tout supporter en leur persuadant qu'elles seraient horriblement laides si elles avaient de grands pieds. Au reste, il est impossible de ne pas être frappé de la douceur, de la patience avec lesquelles les enfants chinois supportent la douleur. L'un d'eux âgé de cinq ans et horriblement brûlé, fut mis entre les mains de notre chirurgien : pendant toute la durée du pansement, il ne fit entendre que quelques légères plaintes exprimées par le mot *He-yaw ! He-yaw !*

" Le docteur Macpherson n'a pas manqué non plus d'examiner avec son coup-d'œil d'anatomiste le *pied mignon* d'une chinoise ; mais il n'en est pas aussi enchanté que le capitaine E. Bingham. Le docteur Macpherson s'occupe plus particulièrement de l'ivresse causée par l'opium. Voici ce qu'il raconte d'une expérience qu'il fit, non pas *in animâ vili*, mais sur sa précieuse personne.

"J'eus, dit-il, la curiosité de fumer quelques pipes d'opium moi-même, et je dois avouer que je ne suis nullement surpris du goût des Chinois pour ce puissant stimulant. À la première excitation causée par l'opium ingéré dans l'estomac, succède ordinairement une période de nausée et de dépression ; toutes les sécretions naturelles en sont troublées ; mais il n'en est pas de même des effets de l'opium introduit dans le système par le poumon : ces effets sont à la fois plus immédiats, plus exhilarants et plus transitoires. Le pouls vibre, il devient plus plein, plus tendre. Le *facies* s'anime, les yeux pétillent, la température de la peau s'élève, il y a coloration, rougeur ; toutes les sensations deviennent plus vives, la transpiration augmente, la respiration s'accélère, l'action du cœur se précipite, l'énergie nerveuse s'exalte ; tout le corps, en un mot, éprouve cet éréthisme ou cet orgasme qui suit toute impression sensuelle. En même temps l'imagination se sent aussi fécondée ; les idées viennent en foule au cerveau, parées des plus brillantes couleurs ; les images se groupent et nous charment par leurs aspects caressants ; le souvenir a d'abord les siennes, et ce retour sur le passé nous rend toute notre jeunesse ; puis c'est l'avenir qui nous appelle par ses riantes ou nobles perspectives ; vous êtes sûr de vous mêmes, heureux du passé, heureux du présent, heureux du lendemain ; tout vous paraît à la fois désirable et facile ; il y a un succès prêt à couronner vos projets les plus hardis. . . Mais arrêtez-vous à temps ; ne forcez pas la dose, ou à la joie va succéder la mélancolie, au courage l'abattement ; vous perdez et la force de votre volonté et la raison qui la modère ; vous n'êtes plus inspiré ; vous êtes malade, vous avez le vertige, le coma, des convulsions et le délire. . . ."

HONG-KONG, VUE PRISE DE KOW-LOON.

HONG-KONG ou Heong-keong, terre aux transparentes comme le cristal, apparaît de loin comme la plus grande partie des îles qui s'élèvent sur le golfe formé par les eaux du Tigris. Les bords en sont escarpés et leur aspect n'a rien d'enchanteur. Ses hautes montagnes se terminent en pics aigus, et sont couvertes de masses de rochers, de formation primitive, entassées les unes sur les autres de la manière la plus fantastique ; çà et là des collines couvertes de gravier et de sable relient les montagnes entr'elles. Du sommet de ces montagnes jusqu'au bord de l'eau on ne voit pas d'arbres, et à l'exception des mois de Mai, de Juin, de Juillet et d'Août, où ces îles se couvrent

Hong Kong, from Kow loon.

d'un magnifique tapis de verdure, on pourrait supposer qu'elles sont entièrement stériles.

En examinant l'île de Hong-kong, on reconnaît que la partie du nord et du nord est est séparée de la partie du sud et du sud ouest par une rangée continue de montagnes n'ayant pas moins de 500 pieds de hauteur, et quelques-unes s'élévant à 1000 et à 1700 pieds au-dessus du niveau de la mer. Si l'on sait maintenant, que dans la plus grande largeur, l'île n'a pas plus de quatre à cinq milles, on pourra s'imaginer aisément que de chaque côté le versant qui conduit à la mer est très-escarpé.

La partie orientale de l'île est divisée au centre par deux ravins profonds, qui sont à la base de la même hauteur; l'un est dans la direction du sud est; il se termine dans la baie de Tie-tam; l'autre est dans la direction du nord et se termine dans la petite vallée de Wang-nie-chong. La partie occidentale de l'île est également partagée au centre par deux ravins, qui proviennent tous deux de la même montagne: l'un situé au sud, se termine dans la partie de l'île où s'élève le village de Pok-foo-lum. L'autre situé au nord forme Government Hill et le pays plat qui est à l'entour; plusieurs cours d'eau se jettent dans ces ravins, et forment des torrents au temps des pluies; on remarque qu'ils ne tarissent point dans les plus fortes chaleurs. Indépendamment de ces cours d'eau, l'île est arrosée par plusieurs petites rivières qui fournissent de l'eau dans toutes les saisons de l'année.

Victoria est la seule ville de l'île; elle a été fondée par les Anglais, en 1841, et cédée à la couronne d'Angleterre par le traité de Nankin. Une tente destinée à servir de résidence à sir H. Pottinger, fut le premier édifice, ou plutôt la première demeure de la ville naissante, qui deux ans après contenait un grand nombre de maisons et une population considérable. Aujourd'hui on trouve sur le même emplacement de vastes magasins, des forts, des rues larges, des bazars et des marchés; une route militaire de seize toises de largeur fait le tour de l'île. Des routes secondaires conduisent à Tie-tam et à Chuck-py-wan; celles-ci ont été coupées dans les montagnes, et ont été construites à la manière européenne. Les principaux édifices se composent du palais du gouverneur, de la geôle, d'une cour de justice, d'une église anglicane, d'une chapelle catholique, de plusieurs chapelles construites par les missionaires dissidents, de l'hospice de la marine, de l'hospice des missionaires. En y comprenant la population chinoise qui est reléguée dans un quartier situé à l'est du palais du gouverneur et appelé le quartier chinois, la population entière de Vittoria s'élevait à la fin de 1843 à 14,000 âmes.

Le village de Chek-choo, le plus grand et le plus important de l'île, contient 800 habitants; il y a 180 maisons et boutiques dans ce village, la valeur approximative de chaque maison est de 400 dollars. Les habitans se livrent à la culture, d'autres à la salaison du poisson. On évalue à 150 pekuls* pesant, le poisson salé qui est livré à la consommation chaque mois par les habitants; opération qui demande l'emploi de trente à quarante pékuls de sel; les cinq pékuls sont payés un dollar espagnol. 390 navires, de toute grandeur, dont trente sont la propriété des habitants font le commerce

* Le pekul equivaut à 60 kilog. environ.

avec Chek-choo. La plupart de ces navires sont employés à la pêche sur les côtes; le poisson est salé et aussitôt il est expédié à Canton, et dans d'autres villes de la côte.

Les maisons de Chek-choo, quoiqu'inférieures pour la construction aux maisons d'une ville ordinaire du continent chinois, sont cependant supérieures à celles que l'on trouve dans les autres villages de Hong-kong. Le sol qui est destiné à la culture n'est point d'une bonne qualité.

Les autres villages de l'île, indépendamment de Chek-choo, sont Heong-kong qui a donné son nom à l'île et qui compte environ 200 habitants; Tie-tam qui est situé à l'embouchure d'une baie profonde, où un petit nombre de navires peut trouver un bon mouillage; les habitants de Tie-tam sont pauvres et en petit nombre; Wang-nie-chong et Soo-kun-foo, qui sont entourés de jardins et de champs bien cultivés; la population réunie des deux villages est d'environ 350 habitants; Pok-foo-lum qui est situé à 500 pieds au-dessus du niveau de la mer, d'où le regard plane sur toutes les îles qui sont au sud et à l'ouest et s'étend jusqu'à Macao. À ces villages, il faut ajouter plusieurs petits hameaux sur la côté orientale de l'île, qui fournissent le magnifique granite, dit de Hong-kong.

Le climat de l'île ne diffère point essentiellement de celui de Macao; seulement dans les endroits qui sont à l'abri du vent il est plus chaud, et dans ceux qui sont exposé aux moussons, il est plus froid. Ainsi la description du climat de Macao qui a été faite par le docteur Pearson, médecin de la compagnie des Indes dans cette ville pendant un grand nombre d'années, s'applique également à celui de Hong-kong. Les maladies ordinaires du pays sont les fièvres intermittentes et les dyssenteries. Les fièvres intermittentes sont très-fréquentes à l'époque des équinoxes et dans les temps froids. Les dyssenteries durent toute l'année, mais elles sont principalement dangereuses après un changement de temps subit. Ces maladies frappent indistinctement les Chinois et les Européens; le traitement le plus en vogue parmi les Chinois consiste à produire une contre-irritation, ce qu'ils font en se pinçant et en se frottant vivement avec leurs mains, et avec de la monnaie de cuivre quand ils ont la fièvre. Depuis l'occupation de l'île par les Européens, le vaccin y a été introduit.

Les seuls animaux que l'on trouve dans l'île, sont le daim, et la tortue de terre; on y trouve aussi différentes sortes de serpents. L'île produit en abondance la mangue, l'orange, la poire, la patate douce, etc.; du chanvre en petite quantité. La société d'horticulture de Londres qui a un de ses agents sur les lieux cherche à y acclimater une foule de graines et de plantes cultivées en Europe, et tout porte à croire que ses essais auront un plein succès.

Drawn by T. Allom. Sketched on the spot by Captn Stoddart R.N. Engraved by W. Floy

Amoy, from Ko-long-soo.

AMOY, VUE DE KO-LONG-SOO.

Quoiqu'exclus pendant longtemps de ce port, les Anglais n'ont pas cessé d'entretenir des relations suivies avec les habitants. Le commerce qui s'y faisait alors était très-considérable : aussi les habitants du lieu ont-ils vu avec plaisir la tournure qu'ont prise les affaires par le traité signé entre le gouvernement de la Chine et le gouvernement d'Angleterre. Le port de Heamun offre un mouillage sûr. Une île appelée par les Chinois Ko-long-soo, ou l'île des fontaines de cristal, garantit les navires des vents d'est. Mais si, sous le rapport des intempéries des saisons, ils n'ont rien à craindre, d'autres dangers naissent pour eux de la présence d'une foule de pirates, qui pendant la nuit tombent sur eux à l'improviste pour les piller. Ces attaques sont si fréquentes et si hardies qu'on les a vues se reproduire pendant que des vaisseaux de guerre anglais étaient sur les lieux.

On ne peut rien imaginer de plus enchanteur et de plus animé que l'aspect de la rade, vue des hauteurs de Ko-long-soo. Le regard se promène tour à tour du détroit, sur lequel se balancent une foule de jonques chinoises, au promontoire qui forme le principal faubourg ; plus loin est la seconde passe, bordée par des masses imposantes de granit, qui séparent le district maritime de la terre ferme.

Les habitants de Ko-long-soo et d'Amoy, essentiellement marins, se sont adonnés au commerce extérieur et à la navigation des côtes. Les avantages que procure le commerce de transport par les voies ordinaires, c'est-à-dire, par les routes et les canaux, leur étant interdit à cause des chaînes de montagnes qui traversent le sol, ils ont trouvé une rémunération plus que suffisante de leurs peines dans le commerce extérieur. L'île de Formose, qu'on peut appeler un nid de pirates, a fait pendant longtemps un commerce très-considérable avec Amoy et Ko-long-soo. Les marchands d'Amoy dirigent chaque jour des navires sur Singapore ; ils exportent différentes marchandises dans les villes du nord de l'empire, et reçoivent en retour du riz et d'autres denrées. Peut être à cause de leur situation isolée, les habitants du Fokien ont-ils une foule de traits particuliers qu'on ne retrouve point dans les habitants des autres provinces. Leur idiôme, qu'il soit la langue primitive du pays, ou une corruption de cette langue occasionnée par la fréquence des relations des habitants avec les étrangers, est presque inintelligible pour les autres Chinois. Le Fokien est également renommé pour la culture du thé. Le mot *Bohee* est la corruption de *Vuee*, nom donné aux collines ou le thé est préparé ; et *thé* est la corruption du mot *cha*, la double lettre *ch* étant prononcé comme le T par les habitants du Fokien.

DIFFERENTES MANIÈRES DE PRENDRE LE POISSON USITÉES PAR LES CHINOIS.

Les rivières, les lacs, les étangs et même les canaux dont toute la Chine est arrosée sont remplis de poissons d'une multitude d'espèces. On en trouve jusque dans les fossés, qui sont creusés dans les campagnes pour la conservation de l'eau dont le riz a un continuel besoin. Cette immense quantité de poissons est due au soin que prennent les Chinois de conserver la semence; ce qu'ils font au moyen de bateaux remplis d'eau. Les poissons qui s'y trouvent étant fort petits, et presqu'imperceptibles, on les nourrit avec des lentilles de marais ou avec des jaunes d'œufs, à peu près comme on nourrit les animaux domestiques.

Il n'y a guères de poissons en Europe qui ne se trouvent à la Chine; on y voit des lamproies, des carpes, des soles, des saumons, des truites, des aloses, des esturgeons, etc.; mais il y en a beaucoup d'autres d'un goût excellent qui nous sont tout-à-fait inconnus; et parmi ceux-ci, le Tcho-kia-yu, c'est-à-dire, l'encuirassé, qui pèse environ quarante livres et qui est très-estimé. On le nomme ainsi, parce qu'en effet, il a sur le dos, sous le ventre, et aux deux côtés une suite d'écailles tranchantes, rangées en lignes droites, et posées les unes sur les autres, à peu près comme sont les tuiles sur nos toits. C'est un poisson admirable, dont la chair est fort blanche, et qui ressemble assez à celle du veau par le goût. Un autre poisson fort délicat est le poisson farine, ainsi nommé à cause de son extrême blancheur, et parce que ses prunelles noires semblent être enchâssées dans deux cercles d'argent fort brillant. Il se rencontre dans les mers qui baignent les côtes de la province de *Kiang-nan*, en si prodigieuse quantité, qu'on en tire jusqu'à quatre cents livres pesant d'un seul coup. Nommons encore pour le gout exquis de leur chair, la brame de mer, et le poisson d'or dont le P. Lecomte a fait la description suivante:

"Les poissons d'or, dit ce Père, sont d'ordinaire de la longueur du doigt; la grosseur est en proportion. Le mâle est d'un beau rouge, depuis la tête jusqu'à la moitié du corps; les autres parties sont dorées, mais d'un or si lustré et si éclatant que nos véritables dorures n'en approchent pas. La femelle est blanche; elle a la queue, et même une partie du corps parfaitement argentées. La queue de l'un et de l'autre n'est pas unie et plate comme celle des autres poissons, mais formée en bouquet, grosse, longue, ce qui donne un agrément particulier à ce petit animal, dont le corps est d'ailleurs parfaitement bien proportionné.

Ceux qui les veulent nourrir doivent en prendre un grand soin, parce qu'ils sont extraordinairement délicats et sensibles aux moindres injures de l'air. On les met dans un bassin fort profond et fort large, au fond duquel on a coutume de renverser un pot de terre troué par les côtés, afin qu'ils puissent durant les grandes chaleurs se retirer dans ces trous, et se mettre ainsi à couvert du soleil On jette aussi sur la surface

Drawn by T. Allom. — Sketched on the spot by Capt. Stoddart R.N. — Engraved by A. Willmore.

Chinese Boatman economizing Time & Labour, - Poo-kow.

de l'eau certaines herbes particulières qui s'y conservent toujours vertes, et qui y entretiennent la fraîcheur. Cette eau se change deux ou trois fois la semaine; mais cette opération exige beaucoup de soins, car le bassin ne doit jamais rester à sec. Si l'on est obligé de transporter le poisson d'un vase dans un autre, il ne faut pas le prendre avec la main; tous ceux qu'on touche meurent bientôt après, ou se flétrissent; il faut pour cela se servir d'une petite cuillère de fil attachée par le haut à un cercle de bois, dans laquelle on les engage insensiblement. Quand ils y sont entrés d'eux-mêmes, on a soin de ne les pas heurter, mais de les tenir toujours dans la première eau, qui doit être vidée avec lenteur, pour les transporter plus facilement dans l'eau nouvelle. Le grand bruit, comme celui de l'artillerie, ou du tonnerre, une odeur trop forte, un mouvement violent, tout cela leur est nuisible, et quelquefois même les fait mourir, comme je l'ai remarqué fréquemment pour ceux que nous avions à bord de notre vaisseau, toutes les fois qu'on tirait le canon, ou qu'on faisait fondre du goudron. D'ailleurs, leur nourriture se compose de presque rien : les vers insensibles qui se forment dans l'eau, ou les parties les plus terrestres qui y sont mêlées, suffisant presque toujours pour les empêcher de mourir. On y jette néanmoins de temps en temps des petites boules de pâte. Mais il n'y a rien de meilleur que des pains à cacheter; cette substance étant détrempée, forme une espèce de bouillie dont ils sont extrêmement avides.

Dans les pays chauds, ils multiplient beaucoup, pourvu qu'on ait soin de retirer les œufs qui surnagent et qu'ils mangent presque tous. On les place dans un vase particulier exposé au soleil, et on les y conserve jusqu'à ce que la chaleur les ait fait éclore; les poissons en sortent avec une couleur noire, que quelques-uns d'eux conservent toujours, mais qui se change peu-à-peu dans les autres en rouge, en blanc, en or, en argent, selon leur différente espèce. L'or et l'argent commencent à se former à l'extrémité de la queue, et s'étendent un peu plus ou un peu moins, selon leur disposition particulière.

En général les Chinois déploient une grande dextérité dans tout ce qui concerne l'éducation du poisson et la manière de le pêcher. Quand ils s'aperçoivent que les poissons qu'ils tiennent renfermés dans des vases frayent et donnent des œufs, ce qui arrive vers le commencement de Mai, ils répandent des herbes sur la surface de l'eau; les œufs s'y attachent, et lorsqu'ils voient que le frai est fini, c'est-à-dire, que les mâles ne cherchent plus les femelles, ils retirent les poissons du vase pour les transporter dans un autre; ils exposent pendant trois ou quatre jours au grand soleil le vase plein d'œufs, et en changent l'eau 40 ou 50 jours après, parce que les petits poissons ont alors une forme sensible.

Outre les filets dont les Chinois se servent pour prendre le poisson dans les grandes pêches, et la ligne dont ils usent dans les pêches particulières, ils ont une autre manière de pêcher qui est assez singulière, et très-divertissante. Dans plusieurs provinces, ils se servent d'un oiseau qui ressemble assez à un corbeau, mais dont le col est fort long ainsi que le bec. C'est une espèce de cormoran qu'ils dressent à la pêche du poisson, à peu près comme on dresse les chiens à prendre les lièvres. Le matin au lever du soleil, on voit sur les rivières un bon nombre de bâteaux et plusieurs de ces oiseaux qui sont perchés sur la proue. Les pêcheurs font balancer leurs bateaux sur la surface de l'eau, et à un signal donné, les cormorans volent dans la rivière qu'ils se partagent entre eux : ils font le plongeon, et cherchant les poissons au fond de l'eau, ils saisissent ceux qu'ils trouvent par le milieu du corps ; puis revenant sur l'eau, ils les portent à leur bec, chacun vers sa barque ; le pêcheur ayant reçu le poisson, prend l'oiseau, lui renverse la tête en bas, et lui passant la main sur le col, lui fait rendre les petits poissons qu'il avait avalés, et qui sont retenus au moyen d'un anneau qu'on leur met au bas du col et qui leur sert le gosier. Ce n'est qu'à la fin de la pêche qu'on leur ôte cet anneau, et qu'on leur donne à manger. Quand le poisson est trop gros, ils se prêtent secours mutuellement ; l'un le prend par la queue, l'autre par la tête, et de compagnie ils l'apportent au bateau de leur maître.

Ils ont encore une autre manière de prendre le poisson qui est fort simple ; ils se servent de longs bateaux fort étroits, et placent d'un bout à l'autre sur les bords une planche large de deux pieds, et enduite d'un vernis blanc et très-lustré. Cette planche s'incline en dehors d'une manière imperceptible, jusqu'à ce qu'elle soit presque à fleur d'eau. On s'en sert pendant la nuit, et on la tourne du côté de la lune, afin que la réflexion de la lumière en augmente l'éclat. Les poissons qui jouent, confondent aisément la couleur de la planche vernissée avec celle de l'eau, ils s'élancent souvent de ce côté là, et tombent ou sur la planche ou dans le bateau. Dans quelques provinces, on pêche le poisson au moyen d'un arc et avec des flèches. La flèche est attachée à l'arc avec une ficelle, afin de ne pas perdre la flèche et de tirer le poisson lorsqu'il a été percé. Dans quelques rivières, le poisson est si abondant, que des hommes les percent au moyen d'un trident.

YIN-SHAN, OU L'ÎLE D'ARGENT,

SUR LE YANG-TSE-KIANG

Le Yang-tse-kiang, ainsi que nous l'avons dit différentes fois, est l'un des plus grands fleuves du céleste empire. Les Chinois l'appellent aussi le fils de la mer, à cause des volumes d'eau considérables qu'il verse dans la mer. Sa largeur, à quatre myriamètres de Nanking, est de plus de deux myriamètres. Sa profondeur, dans le même endroit, est d'environ soixante-douze mètres. De plus loin qu'on voit ce grand fleuve vers l'est, lorsqu'on le traverse pour aller à Nanking, il court vers l'est-nord-est ; en se rapprochant de Nanking vers le nord-est, jusqu'à une montagne sur laquelle s'élève une tour. À partir de Nanking jusqu'à la tour, il court vers le nord, pendant plusieurs myriamètres.

De grandes villes sont bâties sur ses bords ; l'une des plus marchandes est celle de Kieou-kiang-fou, qui est à peu de distance de l'endroit où le grand lac Po-yang se joint

Drawn by T. Allom. Sketched on the spot by Capt. Stoddart, R.N. Engraved by W. H. Capone.

Yin-shan, or Silver Island, on the Yang-tse-kiang.

Yin-shan ou Île d'argent, sur le Yang-tse-kiang.

Yin-shan, oder Silber Insel, am Yang-tse-kiang.

Drawn by T. Allom. Sketched on the spot by Capt. Stoddart, R.N. Engraved by C. T. Dixon.

Entrance to Chin-chew River, Fokien.

Entrée de la rivière Chin Chew, Fokien. Eingang in den Fluss Chin-chew, Fokien.

aux eaux du Yang-tse-kiang; ce qui fait qu'elle est environnée d'eau au nord et au levant. Elle est comme le rendez-vous de toutes les barques qui visitent les ports de la province du Kiang-si et des provinces de Kiang-nan et de Hou-quang. Quoiqu'elle soit éloignée de près de cent lieues de la mer, on pêche dans les eaux qui baignent ses murs des saumons, des dauphins et des esturgeons. Il y a flux et reflux à la nouvelle et à la pleine lune; cependant les eaux coulent si lentement que leur cours est presqu'imperceptible.

Dans cet endroit, et principalement dans les lieux où l'eau est pour ainsi dire dormante, la surface du fleuve est couverte d'une fleur appelée Lien-hoa, fleur qui est fort estimée en Chine. Le Lien-hoa croît aussi dans les lacs, de même que le nénuphar vient en Europe dans les eaux dormantes. Le Lien-hoa diffère pourtant beaucoup du nénuphar par sa racine, par sa fleur et par son fruit. Rien de plus agréable que de voir des lacs entiers tout fleuris qu'on cultive, et qu'on renouvelle chaque année par la graine qu'on y sème; les grands seigneurs en conservent dans de petits étangs: ils en mettent quelquefois dans de grands vases, où il y a du limon et de l'eau; cela sert à parer leurs jardins ou leurs cours.

La fleur qui s'élève au-dessus de l'eau de quatre à cinq pieds ressemble assez à celle de la tulipe; elle a une boule soutenue par un petit filet, assez semblable au filet qui se trouve dans le lys. Sa couleur varie; elle est tantôt violette, tantôt blanche, tantôt rouge et blanche. L'odeur en est très-agréable, son fruit est gros comme une noisette; l'amande qu'il renferme est blanche et de bon goût. Les médecins du pays l'estiment beaucoup parce qu'ils trouvent qu'elle nourrit et fortifie. Aussi la recommandent-ils à ceux qui sont faibles, ou qui, après une grande maladie, ont de la peine à reprendre leurs forces. Les feuilles sont longues, et nagent sur l'eau; elles tiennent à la racine par de longues queues; les jardiniers s'en servent en guise d'enveloppes, pour les marchandises qu'ils vendent. La racine est noueuse comme celle des roseaux. La moelle et la chair sont très-blanches; l'on s'en sert beaucoup, surtout pendant l'été, parce qu'elle est fort rafraîchissante. Il n'y a rien, comme on le voit dans cette plante qui ne soit utile; on en fait même de la farine qui s'emploie à différens usages.

Indépendamment des noms que nous avons cités, les Chinois appellent le Yang-tse-kiang, le Ta-kiang ou le grand fleuve, ou simplement Kiang par excellence, c'est-à-dire le fleuve; et ces différents noms sont un juste hommage rendu à sa grandeur. Il ressemble en effet dans quelques endroits à une vaste mer. Les sources principales du fleuve sont situées dans la Tartarie chinoise, dans le pays des Toufan, aussi appelés *He-si-fan*, hommes noirs, et *Si-fan*, hommes jaunes; non que ceux-ci soient plus blancs que ceux-là, mais parce que les tentes des uns sont noires, et les tentes des autres sont jaunes. La plus célèbre des sources du Yang-tse-kiang, dont parlent les livres anciens de la Chine, est nommée par les Chinois, He-thoui, et par les Tou-fan, Tchounac. Elle vient d'une chaîne de montagnes, qu'ils nomment *Tchour coula*, située au-dessous du 33e degré de latitude, et au 15e degré de longitude.

Les Tou-fan logent pour la plupart dans des tentes: quelques-uns possèdent des maisons bâties en brique; ils nourrissent un grand nombre de troupeaux; leurs chevaux sont petits, mais bien faits, vifs et robustes. Les lamas qui les gouvernent ne les inquiètent pas beaucoup, pourvu qu'ils leur rendent certains honneurs, et qu'ils payent exactement les droits de *Fo ;* droits qui se réduisent à peu de chose. Les livres et les caractères dont ils se servent, sont ceux du Thibet, pays du grand lama. Ils ne sont soumis qu'à demi aux mandarins chinois, et ceux-ci emploient rarement la rigueur pour s'en faire obéir; il est vrai que les montagnes qu'ils habitent, étant couvertes de neige, même au mois de juillet, les mettent à l'abri de toutes poursuites. La seule chose qui fait que les Chinois les recherchent est la rhubarbe, plante qui croît en abondance dans leur affreuse contrée. On voit par les livres Chinois que ces peuples eurent une domination très-étendue et des princes d'une grande réputation qui s'étaient rendus redoutables à leurs voisins. Du côté de l'Orient, ils possédaient des terres qui font maintenant partie des provinces de *Se-tchuen* et de *Chen-si.* Du côté de l'occident, ils étaient maîtres de tous les pays qui sont au-delà d'*Ya-long* jusqu'aux limites de Cachemir. Mais leur situation actuelle est bien différente de ce qu'elle était autrefois. Ils n'ont maintenant aucune ville, et ils sont resserrés entre le fleuve Ya-long et le fleuve Yang-tse-kiang.

Le fleuve dans plusieurs endroits est semé d'îles charmantes; on cite entr'autres l'île d'argent en Chinois Yin-shan, qui s'élève avec beaucoup de grandeur et de majesté sur la surface des eaux. Cette île est située à une petite distance de l'île dorée, à l'ouest de la ville que les Chinois appellent Chin-keang-foo. L'île dorée ainsi que son nom l'indique, est plus riche, plus imposante à cause du nombre de ses pagodes et de ses palais. Toutefois sa rivale offre au visiteur de délicieuses retraites et la fraîcheur qu'il y trouve lui fait bientôt oublier ce voisinage au milieu des plus douces émotions. Du sommet jusqu'à la base, on ne voit que verdure, pelouses, bouquets d'arbres du milieu desquels s'échappent de charmants cottages. À l'entour, sont une foule de barques et de jonques, les unes se balancant mollement sur les eaux tandis que les autres suivent le courant et se laissent aller à la dérive. D'autres remontent le fleuve au moyen de voiles, ou bien à force de rames. Le tableau est aussi riant que varié. Les habitants des deux îles sont en outre mieux habillés, et paraîssent plus gais, plus contents d'eux-mêmes que les habitants des autres villes. La plupart ont des robes de soie.

Les sectateurs de Fo ont élevé en ce lieu un temple superbe. Nous avons dit dans plusieurs parties de cet ouvrage que Fo ou Foe était l'auteur de la secte des bonzes et de la doctrine de la métempsycose, et qu'il naquit dans les Indes. Cette secte parut en Chine, vers la soixante cinquième année après la naissance de Jésus-Christ, sous le règne de l'empereur Ming-ti. À l'occasion d'un songe qu'eut ce prince, il se ressouvint des paroles de Confucius, que celui-ci répétait souvent : savoir, que c'était dans l'occident qu'on trouverait le saint. L'empereur envoya aussitôt des ambassadeurs aux Indes pour découvrir quel était ce saint, et pour y chercher la véritable loi qu'il y enseignait. Les ambassadeurs crurent l'avoir trouvé parmi les adorateurs d'une idole nommée Fo ou Foe. Ils transportèrent à la Chine cette idole, et avec elle les fables dont les livres indiens étaient remplis, les superstitions, la métempsycose et l'athéisme.

Cette contagion, qui commença par la cour, gagna bientôt les provinces, et se répandit dans tout l'empire, où la magie n'avait fait déjà que trop de progrès. On ne peut pas dire au juste en quel endroit de l'Inde parut cette idole. Ses disciples racontent que Fo naquit dans cette partie de l'Inde que les Chinois appellent le *Chang-tien ;* qu'il eut pour père le roi de cette contrée, et que sa mère s'appelait Mo-yé ; que celle-ci le mit au monde par le côté droit, et qu'elle mourut presqu'aussitôt l'accouchement terminé ; que lorsqu'elle conçut, elle rêva pendant son sommeil qu'elle avalait un éléphant, que c'est à cette cause que les souverains de l'Inde rendent des honneurs aux éléphants blancs, pour lesquels ils se sont fait souvent de sanglantes guerres.

Le nouveau né, qui fut d'abord nommé *Che-kia* ou *Cha-ka*, à peine sorti des entrailles de sa mère, se leva sur ses deux pieds ; il fit sept pas, montrant d'une main le ciel et de l'autre la terre ; il parla même et prononça clairement les mots suivants : *il n'y a que moi dans le ciel et sur la terre qui mérite d'être honoré.* À dix-sept ans, il épousa trois femmes, et il eut de ces différens mariages un fils qu'il abandonna ainsi que ses femmes pour se retirer dans la solitude et suivre les leçons de quatre philosophes que les Indiens appellent Joghi. À trente ans, il fut tout à coup pénétré de la divinité, et devint *Fo* comme l'appellent les Indiens. Se voyant dieu, il ne songea plus qu'à répandre sa doctrine.

Le démon lui vint en aide différentes fois ; ce fut même par son secours qu'il fit les choses les plus étonnantes, et que par l'étrangeté de ses prodiges, il jeta la terreur parmi les peuples, et s'attira en même temps leur vénération. Fo faisait de nombreux prosélytes ; le nombre de ses disciples s'éleva bientôt à quatre-vingt mille, qui se répandirent dans l'Inde et y propagèrent ses doctrines. Les disciples de Fo sont appelés par les Chinois *Ho-chang ;* par les Tartares, *Lamas ; Talapoins,* par les Siamois ; *Bonzes* par les Japonais, ainsi que par les Européens.

Cependant Fo comprit qu'il était mortel comme le reste des hommes ; il avait atteint sa soixante dix-neuvième année ; s'apercevant à la défaillance de ses forces qu'il était près de sa fin, il assembla ses disciples, et leur déclara que jusqu'à ce moment, il ne s'était servi avec eux que de paraboles ; que ses discours avaient été autant d'énigmes ; que pendant plus de quarante ans il leur avait caché la vérité sous des expressions figurées et métaphoriques, mais qu'étant sur le point de les quitter, il voulait leur communiquer ses véritables sentimens et leur révéler le mystère de sa doctrine. "Apprenez donc," leur dit-il, "qu'il n'y a point d'autre principes de toutes choses que le vide et le néant ; c'est du néant que tout est sorti ; c'est au néant que tout doit retourner ; c'est là qu'aboutissent toutes nos espérances."

Cette doctrine était celle de l'athéisme, qui fut repoussée par les disciples, lesquels s'en tinrent à ses premières paroles. Toutefois ce ne fut pas sans établir une distinction ; il y eut la doctrine intérieure et la doctrine extérieure. Celle-ci qui était à la portée du peuple préparait les esprits à recevoir la première qui ne convenait qu'aux esprits plus élevés. " La doctrine extérieure," disaient les disciples, " est par rapport à la doctrine intérieure, ce qu'est le cintre à l'égard de la voûte qu'on bâtit. Cet assemblage de charpente n'est nécessaire que pour soutenir les pierres qui servent à construire la voûte; aussitôt qu'elle est achevée, la charpente devient inutile, et on la renverse. De même aussi, il n'est plus besoin de la doctrine extérieure, dès qu'on a embrassé la doctrine intérieure."

Or, voici quelle est cette doctrine extérieure; elle renferme les principes de la morale des bonzes. Il y est dit qu'il y a une grande différence entre le bien et le mal; qu'après la mort, il y a des récompenses pour ceux qui ont pratiqué le bien, et des supplices pour ceux qui ont fait le mal; qu'il y a des lieux destinés pour les âmes des uns et des autres, où elles sont placées selon leur mérite; que le dieu Fo est né pour sauver les hommes, et remettre dans la voie du salut ceux qui s'en écartent; que c'est lui qui expie leurs péchés et leur procure une heureuse renaissance dans l'autre monde; qu'il y a cinq préceptes à observer: le premier défend de tuer aucune créature vivante; le second, de prendre le bien d'autrui; le troisième, de se souiller par l'impureté; le quatrième de mentir, et le cinquième de boire du vin.

Il est encore dit, mais ceci regarde principalement les bonzes. "Traitez bien les bonzes, et fournissez-leur tout ce qui est nécessaire à leur subsistance; bâtissez-leur des monastères et des temples, afin que par leurs prières et par les pénitences qu'ils s'imposent pour l'expiation de vos péchés, ils vous délivrent des peines auxquelles vous seriez sujets. Aux obsèques de vos parents, brûlez des papiers dorés et argentés, des habits et des étoffes de soie; tout ces objets dans l'autre monde se changeront en or, en argent, en véritables habits. Par ce moyen vos parents défunts ne manqueront point des choses qui leur seront nécessaires, et ils auront de quoi se concilier les dix huit gardiens des enfers, qui sans ce secours seraient inexorables, et leur feraient sentir tout le poids d'une rigueur inflexible; que si vous négligez l'observation de ces commandements, songez qu'après votre mort vous serez en proie aux plus cruels tourments, et que votre âme, par une longue suite de métempsycoses, passera dans le corps des plus vils animaux; vous renaîtrez sous la forme d'un mulet, d'un cheval, d'un chien, d'un rat ou de quelqu'autre bête encore plus méprisable."

Telles sont les parties les plus fondamentales de la doctrine extérieure de Fo, qui, à en juger par la recommandation qu'il fit à Moo-kia-je, le plus cher de ses disciples, n'aimait pas la contradiction: En effet, il lui ordonna de ne point s'amuser à appuyer ses dogmes de preuves et de longs raisonnemens, mais de mettre simplement à la tête des ouvrages qu'il publierait, ces paroles: "*C'est ainsi que je le l'ai appris.*" Ce même Fo parle dans un de ses livres, d'un maître encore plus ancien que lui, que les Chinois nomment *O-mi-to* et que les Japonnais, par corruption du langage, ont nommé *Amida.* C'est au Bengale que parut cet autre dieu. Les bonzes prétendent qu'il parvint à une si haute sainteté et qu'il acquit tant de mérite, qu'il suffit de l'invoquer, pour obtenir le pardon de tous ses crimes. C'est ce qui fait qu'on entend continuellement les Chinois de sa secte prononcer ces deux noms *O-mi-to-fo.* Fo, toutefois est plus universellement invoqué; au dire de ses disciples, Fo était né huit mille fois; et avant de revêtir la forme humaine, il avait pris successivement la figure du tigre, du dragon, de l'éléphant, etc. etc.

Les bonzes sont répandus dans tout l'empire; le corps se recrute des gens du pays, et en général d'enfants de sept à huit ans qu'on élève dans la profession. Arrivés à l'âge fixé pour l'exercice du sacerdoce, les rôles sont distribués. Aux uns, il est ordonné de quêter; aux autres de visiter les lettrés et de s'insinuer chez les grands. Les plus âgés président aux assemblées de femmes. De plus, et bien que les bonzes n'aient pas une hiérarchie parfaite, ils ont des supérieurs qu'ils appellent *Ta-ho-chang*, c'est-à-dire, grands bonzes; mais ceux-ci sont généralement choisis parmi les plus âgés, et ils se distinguent par leur extérieur grave et modeste.

Comme cela arrive dans tous les pays ou règne la liberté des cultes, les bonzes rencontrent une vive opposition mais nous devons ajouter que les vices qu'on leur reproche sont en général vérifiés par les faits. La soif de l'or domine, dit-on, les âmes des disciples de Fo; de plus on assure qu'ils ont pour gagner les cœurs un art qu'il serait difficile d'égaler en aucun lieu, tant ils ont de douceur dans la voix, de complaisances dans les manières, d'humilité et de modestie dans le maintien: Ce qui leur attire surtout le respect de la foule, ce sont leurs pratiques extérieures; ils jeûnent d'une manière rigoureuse, se lèvent plusieurs fois pendant la nuit pour adorer le dieu Fo; souvent ils se donnent en spectacle au public, par de rudes pénitences qu'ils font dans les rues, et au milieu des places publiques. Il y en a qui s'attachent au cou et aux pieds de grosses chaînes, longues de plus de trente pieds, qu'ils traînent bruyamment, mais avec beaucoup de peines dans les rues. On en voit d'autres dans les carrefours et dans les lieux les plus fréquentés qui se mettent la tête en sang, en se frappant la tête de toute leur force avec une grosse pierre. Mais parmi ces sortes de pénitences, il n'y en a guères de plus surprenante que celle d'un jeune bonze, dont le Père Lecomte nous fait la description suivante:

"Je rencontrai un jour au milieu d'un village un jeune bonze doux, modeste, quêtant de porte en porte, et recevant partout d'abondantes aumônes. Il était debout dans une chaise à porteur bien fermée, et hérissée en dedans de longues pointes fort pressées les unes auprès des autres, de manière qu'il ne lui était pas permis de s'appuyer sans se blesser. Deux hommes robustes le portaient dans chaque maison; alors il s'adressait aux habitants du lieu, et leur disait:

—"Je me suis enfermé dans cette chaise pour le bien de vos âmes, résolu de n'en sortir jamais, jusqu'à ce que l'on ait acheté tous ces cloux; (il y en avait plus de deux mille); chaque clou vaut dix sols. Mais il n'y en a aucun qui ne soit une source de bénédictions dans vos maisons. Si vous en achetez, vous pratiquerez un acte de vertu héroïque, et ce sera une aumône que vous donnerez, non aux bonzes, à qui vous pouvez d'ailleurs faire vos charités, mais au dieu Fô, à l'honneur duquel nous bâtissons un temple.

Je passais alors par le chemin: le bonze me vit, et me fit comme aux autres le même compliment. Je lui dis qu'il était bien fou de se tourmenter aussi inutilement qu'il le faisait, et je lui conseillai de sortir de sa prison.

"Il me répondit avec beaucoup de douceur, qu'il m'était bien obligé de mes avis, mais qu'il me le serait encore davantage, si je voulais acheter une douzaine de ces clous, qui me porteraient assurément bonheur dans mon voyage.

« Tenez, dit-il en se tournant d'un côté, prenez ceux-ci ; foi de bonze, ce sont les meilleurs de ma chaise, parcequ'ils m'incommodent plus que les autres. Cependant ils sont tous du même prix.

« Il prononça ces paroles avec un accent qui en tout autre occasion m'aurait fait rire, mais qui fit naître alors en moi un sentiment de pitié."

Mais nous n'avons point encore parlé de la doctrine intérieure. Cette doctrine est celle que Fo enseigna dans les derniers moments de sa vie, et que les disciples, dans lesquels ils avait le plus de confiance, ont pris soin d'expliquer et de répandre. Il ne faut qu'exposer ce système pour faire connaître jusqu'à quel excès d'extravagance peut aller l'esprit humain.

Il y est dit que le principe et la fin de toutes choses, c'est le néant; que c'est du néant que nos premiers parents ont tiré leur origine, et que c'est au néant qu'ils sont retournés après leur mort ; que le vide est ce qui constitue notre être et notre substance ; que c'est de ce néant et du mélange des élémens que sont sorties toutes les productions, et qu'elles y retournent dans la suite ; que tous les êtres ne diffèrent des uns des autres, que par leur figure et leurs qualités ; de même qu'il n'y a que les qualités diverses qui mettent de la différence entre la neige, la glace et la grêle ; de même encore que du même métal on fait un homme, un lion ou quelqu'autre animal ; et qu'après avoir fait fondre tous ces êtres, ils perdent aussitôt leurs figure et leurs qualités, et ne sont plus qu'une même substance.

Ainsi, disent-ils, tous les êtres, soit animés, soit inanimés, quoique différens par leurs qualités et leurs figures ne sont tous qu'une même chose, indistincte du même principe ; ce principe est quelque chose d'admirable, et par sa simplicité et la perfection de tous les êtres ; enfin il est très-parfait, et dans un continuel repos, sans avoir ni vertu, ni puissance, ni intelligence. Bien plus, son essence consiste à être sans intelligence, sans action, sans désirs ; pour vivre heureux, il faut s'efforcer par de continuelles méditations, et par de fréquentes victoires remportées sur soi-même de devenir semblable à ce principe, et pour cela s'accoutumer à ne faire rien, à ne vouloir rien, à ne sentir rien, à ne penser à rien. Il n'est plus question de vices ou de vertus, de peines ou de récompenses, de providence et d'immortalité des âmes ; toute la sainteté consiste à cesser d'être et à se confondre avec le néant. Plus on approche de la nature de la pierre ou d'un trônc d'arbres, plus on se perfectionne. Enfin c'est dans l'indolence et dans l'inaction, dans la cessation de tous désirs, et des mouvemens du corps, dans l'anéantissement de toutes les facultés de l'âme, et dans la suspension générale de tous sentimens, que consiste la vertu et le bonheur. Quand un homme est une fois parvenu à ce bienheureux état, il n'y a plus pour lui de vicissitude et de transmigration ; il n'a plus d'avenir à craindre, parce qu'à proprement parler il n'est rien ; ou s'il est quelque chose, il est heureux, et pour tout dire, en un mot, il est parfaitement semblable au dieu Fo.

Cette doctrine trouva de nombreux partisans, même à la cour ; cependant la plupart des lettrés s'élevèrent contre elle, et la combattirent de toutes leurs forces, en faisant voir que l'homme n'est élevé au-dessus des autres êtres, que parce qu'il pense, qu'il

raisonne, qu'il s'applique à connaître la vertu, et à la pratiquer; que d'aspirer à la folle inaction qui est recommandée par le dieu Fo, c'est renoncer aux devoirs les plus essentiels, c'est anéantir les rapports nécessaires qui sont entre le père et les enfants, le mari et la femme, le prince et les sujets; qu'enfin, si cette doctrine était suivie, elle réduirait tous les membres de l'état à une condition bien inférieure à celle des animaux.

JOUEURS DE DÉS ET FÊTES PUBLIQUES.

Les Chinois ont une grande variété de jeux qu'ils jouent de la même manière que les jeux qui sont connus en Europe. Le jeu de dés est un amusement très-recherché. Les habitants du céleste empire ont en outre un grand nombre de fêtes dont il ne serait peut-être pas inutile d'imiter quelques-unes. Nous avons parlé, dans plusieurs parties de cet ouvrage, de ces fêtes en général. Nous ferons aujourd'hui la description de celle qui est donnée en l'honneur du printemps, et des circonstances auxquelles elle doit son origine.

Le jour fixé pour cette cérémonie, est celui où le soleil entre au quinzième degré du signe du verseau; ce jour est celui où commence le printemps en Chine.

À l'heure dite, le gouverneur ou le premier mandarin sort de son palais, porté dans sa chaise, précédé d'étendards et de flambeaux allumés; le cortége est accompagné d'une musique bruyante. Le premier magistrat, la tête couronnée de fleurs, se dirige vers la porte de la ville qui regarde l'orient, comme pour aller au-devant du printemps; sur des brancarts peints et ornés de tapis de soie de différentes nuances, sont des figures, et des portraits de personnages illustres qui ont pratiqué l'agriculture, ou écrit quelque histoire sur le même sujet. Les rues sont tapissées; de distance en distance on voit des arcs de triomphe; des lanternes sont suspendues aux maisons, et à des mâts pavoisés. La ville entière étincelle de millions de feux. Entre les figures est une grande vache de terre cuite, d'une si énorme grandeur que quelquefois quarante hommes ont de la peine à la porter. Derrière cette vache dont les cornes sont dorées est un jeune enfant qui a un pied nu et l'autre chaussé. On l'appelle l'esprit du travail et de la diligence. Cet enfant frappe sans cesse d'une verge la vache de terre comme pour la faire avancer; elle est suivie d'une foule de laboureurs avec leurs instrumens de travail, de différentes compagnies de comédiens et de bateleurs qui donnent des représentations allégoriques.

C'est ainsi qu'on se rend au lieu où se passe la fête; là on dépouille la vache de tous ses ornements; on tire de son ventre un nombre prodigieux de petites vaches d'argile, que l'on distribue à toute la troupe; on met en même temps la vache en pièces et on en distribue les morceaux; après quoi, le gouverneur fait un petit discours, par lequel il recommande le soin de l'agriculture comme l'une des choses les plu nécessaires à un état. Car l'attention de l'empereur et des mandarins pour la culture des terres est si grande, que lorsqu'il vient à la cour des députés de la part des vice-rois, il ne manque jamais de leur demander en quel état, ils ont vu les campagnes; une pluie tombée à propos est un sujet de rendre visite au mandarin, et de le complimenter.

L'origine de cette fête remonte à près de 2000 ans. On l'attribue à l'empereur Venti qui régnait 179 ans avant la venue de Jésus-Christ. Ce prince ayant vu que les guerres avaient ruiné son pays, assembla son conseil pour délibérer sur les moyens de le rétablir, et pour engager ses sujets à la culture des terres, il prit la charrue lui même et cultiva de ses mains royales les terres de son palais. Ce qui obligea les ministres et tous les seigneurs de la cour à en faire autant.

On distingue parmi le peuple trois sortes de professions; celle des laboureurs qui est la plus estimée; celle des marchands, et celle des artisans qui vivant du travail de leurs mains, et qui étant occupés continuellement aux arts mécaniques fournissent aux nécessités et aux commodités de la vie.

L'histoire de la Chine nous cite les noms de plusieurs hommes qui furent pris parmi les laboureurs et élevés au trône même. L'empereur Yao, qui commença à régner 2357 ans avant Jésus-Christ, et dont le règne fut si long, après avoir établi les divers tribunaux des magistrats qui subsistent encore aujourd'hui, pensa à se décharger sur un autre du poids du gouvernement; il en conféra avec ses principaux ministres qui lui dirent qu'il ne pouvait mieux faire que de remettre le soin de ses états à l'aîné de ses enfants, qui était un prince sage, d'un bon naturel, et d'une grande espérance. Yao, qui connaissait mieux que ses ministres les dispositions naturelles de son fils, jeune prince dissimulé et artificieux, regarda ce conseil comme l'effet de la complaisance. C'est pourquoi sans rien conclure, il rompit l'assemblée et remit l'affaire à un autre jour.

Quelque temps après, ayant régné 70 ans, il fit appeler l'un de ses plus fidèles ministres, et lui dit: " Vous avez de la probité, de la sagesse et de l'expérience; je crois que vous remplirez bien ma place, et je vous la destine." Grand empereur, répondit le ministre, je suis tout à fait indigne de l'honneur que vous me faites, et je n'ai pas les qualités que demande un emploi si éclatant et si difficile à remplir. Mais puisque vous cherchez quelqu'un qui mérite de vous succéder, et qui puisse conserver la paix, la justice et le bon ordre que vous avez mis dans vos états, je vous dirai sincèrement que je n'en connais pas de plus capable qu'un jeune laboureur qui n'est pas encore marié; il n'est pas moins l'amour que l'admiration de tous ceux qui le connaissent, par sa probité, par sa sagesse, et par l'égalité de son esprit. Dans une fortune si basse, et au milieu d'une famille où il a beaucoup à souffrir de la mauvaise humeur d'un père chagrin, et des emportemens d'une mère qui ne garde point de mesure; il a des frères, fiers, violens et querelleurs, avec qui personne n'a pu vivre jusqu'à présent; lui seul a su trouver la paix, ou plutôt parvenir à la mettre dans une maison composée d'esprits si bizarres et si déraisonnables. Je juge, seigneur, qu'un homme qui se conduit avec tant de sagesse dans une fortune privée, et qui joint à cette douceur naturelle, un travail, une adresse et une application infatigables, est plus capable de gouverner votre empire, d'y maintenir les sages lois qui y sont établies.

Yao également touché et de la modestie de son ministre qui refusait le trône, et du récit qu'il faisait de ce jeune laboureur, lui donna l'ordre de le faire venir, et l'obligea de demeurer à sa cour. Il observa ses démarches durant plusieurs années, et de quelle manière il s'acquittait des emplois qui lui étaient confiés. Enfin, se sentant accablé de vieillesse, il l'appela, et lui dit : " *Chun*, c'était le nom du jeune laboureur, j'ai assez longtemps éprouvé votre fidélité, pour m'assurer que vous ne tromperez pas mon attente, et que vous gouvernerez mes peuples avec sagesse. Je vous remets toute mon autorité, soyez leur père plutôt que leur maître, et souvenez-vous que je vous fais empereur, non pour vous faire servir par vos peuples, mais pour les protéger, pour les aimer et pour les secourir dans leurs besoins. Régnez avec équité, et rendez-leur la justice qu'ils attendent de vous.

Ce choix d'un empereur, tiré de la campagne, a inspiré aux Chinois une grande estime pour l'agriculture. Yun qui succéda à Chun parvint au trône par la même voie. Au commencement de la fondation de l'empire, plusieurs basses contrées se trouvèrent encore couvertes d'eau. Ce fut Yun qui trouva le secret de faire des canaux où les eaux vinrent se jeter et se verser ensuite dans la mer. Il s'en servit ensuite pour fertiliser les campagnes ; il écrivit plusieurs livres sur la manière de cultiver la terre en la fumant, en la labourant, et en l'arrosant au moyen de canaux artificiels pour la rendre plus féconde. Ce fut cette cause qui porta Chun à le nommer son successeur.

Tant de livres sur une matière si utile qui sont les ouvrages d'un empereur, ont augmenté le crédit de l'agriculture.

Plusieurs autres empereurs ont donné des marques de leur zèle pour la culture des terres. *Kang-wang* qui fut le troisième empereur de la dynastie de *Tcheou* fit mesurer et arpenter les terres, par *Tchao-kong*, l'un de ses ministres. Il visita lui-même toutes les provinces de ses états, et fit planter des bornes pour prévenir les disputes et les contestations des laboureurs. Tchao-long écoutait leurs plaintes, et leur rendait la justice sous un saule, qui fut longtemps en vénération parmi son peuple. Kin-wang qui fut le vingt-cinquième empereur de la même famille, et qui régnait au temps où naquit Confucius, 531 ans avant la naissance de Jésus-Christ, fit un nouveau partage des terres, et renouvela les loix qui avaient été faites pour la culture des champs.

Nous avons dit que tous les ans, au printemps, à l'exemple des anciens fondateurs de la monarchie chinoise, l'empereur va solennellement lui-même labourer quelques sillons d'un champ. Les mandarins de chaque ville font la même cérémonie. Selon les réglements, l'empereur doit nommer les douze personnages illustres qu'il choisit pour l'accompagner, et labourer après lui, savoir, trois princes et neuf présidens des cours souveraines. Quand quelques-uns des présidens sont trop vieux ou infirmes, l'empereur nomme leurs assesseurs pour tenir leur place.

LA VALLÉE DE CHUSAN.

On trouve dans cette vallée des bois, des montagnes, des eaux, des terres cultivées, combinées ensemble de manière à présenter un aspect des plus variés. L'art humain s'associant à la nature a fait de ce lieu un séjour enchanteur. L'agriculture y est très-bien faite, et les habitants, grâce aux effets du climat, et à une grande sobriété dans leur manière de vivre, y atteignent un âge avancé. Dans ce lieu, les plaines sont mêlées de collines et de montagnes; il y en a de stériles en quelques endroits; mais la plupart sont de bonnes terres et on les cultive jusque sur les bords des précipices.

C'est un spectacle très-agréable, de voir quelquefois des plaines de trois ou quatre lieues, environnées de collines, et de montagnes, coupées en terrasses depuis le bas jusqu'au sommet. Ces terrasses sont superposées les unes sur les autres au nombre de vingt ou trente, à la hauteur chacune de trois ou quatre pieds. Ces montagnes ne sont pas d'ordinaire pierreuses comme celles d'Europe; la terre en est legère, poreuse et facile à couper, et même si profonde en plusieurs provinces qu'on y peut creuser trois ou quatre cents pieds sans trouver le roc. Quand les montagnes sont pierreuses, les Chinois en détachent les pierres, et en font de petites murailles pour soutenir les terrasses. Ils applanissent ensuite la bonne terre, et y sèment le grain. Une entreprise aussi pénible fait assez voir combien le peuple de la Chine est laborieux. Mais on le verra encore mieux par ce que je vais dire.

Quoiqu'il y ait dans quelques provinces des montagnes désertes et inutiles, les vallons et les campagnes qui les séparent en mille endroits sont très-fertiles et très-bien cultivées; on n'y voit pas un seul pouce de terre labourable, qui ne soit couvert du plus beau riz. L'industrie chinoise a su applanir entre ces montagnes, tout le terrain inégal qui est capable de culture. Les laboureurs divisent comme en parterres, celui qui est de même niveau, et par étages en forme d'amphithéâtre, celui qui suivant le penchant des vallons, a des hauts et des bas; et comme le riz ne peut se passer d'eau, ils pratiquent partout de distance en distance, et à différentes élévations de grands réservoirs pour ramasser l'eau de pluie, et celle qui coule des montagnes, afin de la distribuer également dans tous leurs parterres de riz. Pour ce travail, ils n'épargnent ni peines, ni soins, ni fatigues,—soit en laissant couler l'eau par sa pente naturelle, des réservoirs supérieurs dans les parterres les plus bas; soit en la faisant monter des réservoirs inférieurs, et d'étage en étage, jusqu'aux parterres les plus élevés.

Ils se servent pour cela d'une machine hydraulique d'une grande simplicité. Elle est composée d'une chaîne de bois sans fin, et d'un grand nombre de petites planches de six ou sept pouces en carré, enfilées parallèlement à égales distances et à angles droits par le milieu dans la chaîne de bois. Ce chapelet est étendu le long d'un canal de bois fait de trois planches unies, en forme d'étage, de telle sorte que la moitié

Drawn by T. Allom. Sketched on the spot by Captn Stoddart, R.N. Engraved by S. Bradshaw.

Vale of Ting-hai, Chusan.

Vallée de Tinghai, Chusan. *Thal Tinghai, Chusan.*

inférieure du chapelet porte sur le fond de cette auge, et en occupe toute la capacité ; la supérieure qui lui est parallèle, porte sur une planche posée par le long de l'ouverture du canal. Une des extrémités du chapelet, l'extrémité inférieure, est passée autour d'un cylindre mobile, dont l'axe est posé sur les deux côtés de l'extrémité inférieure du canal. L'autre extrémité du chapelet, savoir celle d'en haut, est montée sur un tambour garni de petites planches, disposées de telle sorte, qu'elles engrènent exactement avec les planches du chapelet, et que ce tambour venant à tourner par le moyen de la puissance qui est appliquée à son essieu, fait tourner le chapelet. Comme le point où porte ce tambour, est appuyé à la hauteur où l'on veut faire monter l'eau, et que l'extrémité inférieure est plongée dans l'eau qu'on veut élever, il est nécessaire que la partie inférieure du chapelet, qui occupe exactement ainsi que nous l'avons dit, la capacité du canal de bois, monte le long du canal, et que de toutes les petites planches, en levant avec elles autant d'eau qu'elles en rencontrent, c'est-à-dire, autant que le canal en peut contenir, il se forme un ruisseau qui monte sans interruption à la hauteur qu'on souhaite, tant que la machine est en mouvement. Cependant la partie supérieure du chapelet descendant uniformément le long de la planche, sur laquelle elle porte, ces deux mouvements joints ensemble, font tout le jeu de la machine qui est mise en mouvement, soit avec la main au moyen d'une ou de deux manivelles, qui se relient aux extrémités du tambour ; soit avec les pieds, par le moyen de certaines chevilles de bois fort grosses, plantées autour de l'arbre ou essieu du tambour ; soit par le moyen d'un buffle, ou de quelqu'autre animal, qu'on attache à une grande roue d'environ deux toises de diamètre, disposée horizontalement.

Lorsqu'on nettoie un canal, ce qui arrive de temps en temps, on le coupe de distance en distance, par des digues, et l'on en assigne une partie à chacun des villages circonvoisins. On voit aussitôt différentes troupes de paysans, qui apportent des chapelets composés de petites planches carrées, dont ils se servent pour élever l'eau du canal dans la campagne ; dans quelques occasions, ils dressent leurs chapelets à triple étage, et se portent ainsi l'eau les uns aux autres. Ce travail, quoique long et pénible, est bientôt achevé par la multitude de ceux qui y sont occupés.

Les Chinois ont une foule d'autres moyens pour arroser leurs champs. Dans les endroits, où les montagnes n'étant pas fort hautes, se touchent les unes les autres, et sont presque sans vallées comme dans le Fo-kien, les laboureurs font couler l'eau en la conduisant d'une montagne à l'autre au moyen de canaux de bambou.

Mais la peine et les travaux auxquels se livrent ces pauvres gens deviennent quelquefois inutiles, surtout en certaines provinces par la multitude de sauterelles qui ravagent les campagnes ; c'est un fléau terrible, à en juger par ce que rapporte un auteur chinois ; "on en voit," dit-il, "une multitude étonnante, qui couvre tout le ciel ; elles sont si pressées, que leurs ailes paraissent se tenir les unes aux autres ; elles sont en si grand nombre qu'en élevant les yeux, on croit voir sur sa tête de hautes et vertes montagnes ; le bruit qu'elles font en volant, approche du bruit que fait un tambour." Le même auteur a remarqué qu'on ne voit d'ordinaire cette quantité incroyable de sauterelles que lorsque les inondations sont suivies d'une année de grande sécheresse ; et philosophant à sa manière, il prétend que les œufs de poissons qui sont répandus sur la terre, venant à éclore par la chaleur produisent cette multitude prodigieuse d'insectes, qui ruinent en un clin d'œil les plus belles espérances du laboureur. C'est alors que le malheureux cultivateur déploie une activité extraordinaire. Ainsi on le voit, braver les chaleurs les plus brûlantes, et les mains armées de drapeaux, les agiter sur les épis de blé de manière à en écarter ces insectes. Ce fléau désole fréquemment la province de Canton, surtout dans les années de grandes sécheresses. Quelquefois il ne se répand que dans un rayon d'une lieue, et les moissons continuent d'être fort belles dans tout le reste de la province.

Ces différentes manifestations du génie de l'homme se rencontrent dans la vallée de Chusan. Aussi le voyageur qui s'arrête dans ce lieu éprouve-t-il un vif sentiment de plaisir en promenant ses regards sur les différens sites qui le composent. Montagnes et prairies, tout à l'entour de lui, rafraîchit ses yeux; c'est une suite non interrompue d'amphithéâtres verdoyans; ce sont autant de scènes pittoresques merveilleusement disposées pour charmer les sens.

ANCIEN PONT DE CHAPOO.

Dans les forêts primitives, où le temps et la tempête cherchent à établir leur empire, on voit des groupes d'arbres prendre les formes les plus variées. Quelquefois entrelaçant leurs rameaux, ces arbres forment une arche gothique; plus loin, ils sont serrés les uns contre les autres, comme des colonnes basaltiques; dans d'autres lieux, ils sont jetés horizontalement sur une rivière ou sur un torrent, et forment un pont naturel que peut franchir le premier venu avec autant d'assurance que le pont le plus solidement construit. Ce fut probablement la vue de ces grands arbres jetés sur les rivières, et la sécurité qu'ils présentent qui fit naître dans l'esprit de l'homme la première idée du pont horizontal. Ce pont composé d'une seule arche, fut le premier pont qui fut établi en Chine comme chez toutes les autres nations. À une époque moins reculée, quand l'industrie et la civilisation eurent fait des progrès, les Chinois exécutèrent en ce genre des ouvrages extraordinaires. On voit en Chine des ponts qui ont jusqu'à cent arches bâties de la manière la plus solide. L'art de faire des tunnels est pratiqué depuis longtemps en Chine. Il y a plusieurs siècles qu'un Calao, natif de Canton, fit creuser de part en part du nord au sud, la haute montagne qu'on voit auprès de Nanking, afin de faire une route pour les piétons.

Le pont d'une seule arche qu'on voit à Chapoo est évidemment d'une ancienne origine, et l'ensemble et les détails de la construction indiquent qu'il remonte à une haute antiquité. Sur la balustrade du pont de Chapoo, on voit des figures de lions, d'un travail grossier, emblèmes de la magnificence de cette structure, et de l'habilité de l'architecte.

Drawn by T. Allom. Sketched on the spot by Captn Stoddart, R.N. Engraved by R. Sands.

Ancient Bridge, Chapoo.

On voit sur le canal impérial, ainsi que sur la plupart des autres canaux et des rivières de la Chine une grande variété de ponts. Quelques-uns de ces ponts, ont des arches qui forment un angle comme nos arches gothiques; d'autres en ont de demi-circulaires, et d'autres en fer à cheval. Il y en a qui ont des piles d'une telle hauteur, que les grands navires passent sous leurs arches avec tous leurs mâts. Quelques-uns de ces ponts sont très-légers et très-agréables à la vue. Chaque pierre de cinq à dix pieds de long est taillée de manière à former un segment de l'arche; par conséquent aucune de ces pierres, ne sert de clef. Pour y suppléer, on met entre les pierres des pièces de bois assorties à la convexité de l'arche, et retenues par des barres de fer qui sont attachées aux parties les plus solides du pont. Il y a aussi des arches qui n'ont point de bois. Alors les pierres courbes sont enchâssées dans d'autres longues pierres transversales. Il y a aussi des arches où les pierres sont plus petites et tournées vers le centre comme dans les nôtres.

Dans les environs de Sau-tchou-fou, on voit sur le bras d'un lac qui communique au canal impérial, un pont de quatre vingt onze arches—les dernières de chaque côte sont fort petites, mais celles du centre ont environ trente pieds de haut et quarante de large. Toute la longueur est à peu près d'un demi-mille. Ce pont fut construit pour ouvrir une libre communication entre le lac et le canal impérial, faciliter conséquemment la navigation et en même temps éviter le travail immense et la dépense qu'aurait exigée l'assemblée des matériaux pour faire une levée. À une distance de ce pont, le canal impérial communique avec le Yang-tse-kiang, et se termine en cet endroit en un bassin vaste et commode qui est constamment rempli de jonques et de bâteaux. De ce bassin sortent plusieurs petits canaux qui passent sous des arches, et se jettent du côté du couchant, dans un lac qu'on appelle le Sy-how, renommée pour la majesté des montagnes, et la beauté des vallées remplies d'arbres de différentes espèces qui l'entourent.

FIN DE LA QUATRIÈME PARTIE.

INDEX GÉNÉRAL.

Les chiffres romains indiquent le volume, les chiffres arabes indiquent la page.

D.

E.

F.

H.

I, J.

K.

L.

M.

N.

FISHER FILS, ET Cie, À LONDRES, NEWGATE ST. ANGEL ST. ; PARIS, 108, RUE ST. HONORÉ.

www.ingramcontent.com/pod-product-compliance
Ingram Content Group UK Ltd.
Pitfield, Milton Keynes, MK11 3LW, UK
UKHW020243250726
13967UKWH00004B/1502